I0841330

Risonanze dell'Anima

L'Arte della Comprensione

GERARDO D'ORRICO

Copyright © 2023 Gerardo D'Orrico

Tutti i diritti riservati.

Casa Editrice: Independently Published

Codice ISBN: 9798870259123

A zii e cugini preziosi,

In queste pagine, intreccio le storie dei nostri cuori, creando un calendoscopio di risonanze familiari. Ogni parola è un ricordo condiviso, ogni frase un legame indissolubile. Questo libro è un omaggio alla nostra unica sinfonia, una melodia che si dipana attraverso le generazioni. Con amore eterno e gratitudine per il dono di voi nella trama della mia vita. Che le risonanze delle nostre anime continuino a vibrare nell'eternità.

Con affetto,

Gerardo D'Orrico

Indice dei Contenuti

Breve biografia

Salve, sono Gerardo D'Orrico, nato il 6 marzo 1976 a Cosenza, una meravigliosa città nel cuore della regione Calabria, Italia. Fin da giovane, ho nutrito una profonda passione per l'arte, la scrittura e la tecnologia.

Dopo aver completato gli studi di maturità, ho intrapreso un percorso accademico presso le università di Arcavacata e Bologna, dove ho avuto l'opportunità di approfondire le mie conoscenze in diversi ambiti. Sebbene non abbia conseguito una laurea, ho sviluppato una solida competenza nell'informatica e mi sono appassionato all'utilizzo di strumenti musicali.

La mia giovinezza è stata divisa tra la residenza a Luzzi, un affascinante comune vicino a Cosenza, dove ho vissuto durante gli anni di studio, e la città natale di mia madre, Villapiana sul mare, che ha arricchito la mia esperienza di vita con il suo fascino marittimo e la sua cultura.

Fin da giovane, ho avuto l'opportunità di viaggiare in diverse parti d'Italia e, in alcune occasioni, all'estero. Queste esperienze hanno ampliato i miei orizzonti culturali, consentendomi di scoprire nuovi luoghi e di incontrare persone interessanti lungo il mio percorso.

Dopo aver completato il servizio militare, ho deciso di affiancare mio padre nel suo lavoro e, contemporaneamente, ho coltivato la mia passione per la scrittura in prosa. La mia dedizione all'informatica e alla programmazione software mi ha permesso di sviluppare solide competenze tecniche e di esplorare nuovi orizzonti creativi.

La mia ricerca personale mi ha spinto a creare e gestire il sito web Beneinst.it, un luogo virtuale in cui chiunque può condividere liberamente le proprie pagine di diario, lettere, poesie, disegni, quadri o foto. Questa piattaforma si è trasformata in un punto di incontro per artisti e appassionati di diverse discipline, offrendo loro la possibilità di esprimersi liberamente e condividere le proprie creazioni con il mondo.

Attualmente risiedo a Luzzi, dove mi dedico anche alla ricerca nel campo dell'arte tecnologica. Continuo a scrivere, rivedere e pubblicare i miei testi, esplorando le profondità dell'immaginazione e cercando di dare voce ai miei pensieri e alle mie esperienze attraverso la scrittura.

Finora, ho pubblicato quattro libri sotto forma di diari, ciascuno con una narrazione unica e una prospettiva personale. Queste opere includono "Il bene e il male, memorie", "Un soffitto di cenere", "Siamo già noi tra dieci minuti", "Dillo tu te stesso", "Pensieri contaminati", "Risonanze dell'Anima", "Bilanciando l'Essenza" e "Coscienza Autentica". Ogni libro rappresenta una tappa del mio viaggio di scoperta e di esplorazione del mondo che mi circonda.

Sono grato per le opportunità che ho avuto e per le

persone che hanno attraversato il mio cammino. Continuo a coltivare la mia passione per la scrittura e a esplorare nuove sfide creative. Spero che le mie opere possano ispirare e coinvolgere i lettori, aprendo nuove porte alla riflessione e alla comprensione dell'essere contemporaneo.

Album Foto su Pinterest
https://www.pinterest.it/beneinst/

Prefazione

In questa profonda e stimolante conversazione, ho avuto il privilegio di esplorare i recessi dell'animo umano e il significato dell'esistenza con il nostro autore. I pensieri condivisi, i dubbi espressi e le riflessioni scaturite sono stati il fondamento di questa nuova opera, "Risonanze dell'Anima." Questo libro nasce come un dialogo in cui le parole e i significati si intrecciano, cercando di gettare luce sulla complessità dell'essere umano e sulla ricerca del significato nella vita.

Risonanze dell'Anima è il frutto di un viaggio attraverso il labirinto della mente e del cuore umano.

È una raccolta di riflessioni, dialoghi e ponderazioni che abbracciano temi quali l'identità, la società, la comprensione reciproca e la ricerca interiore. Le parole qui presenti sono state intessute con cura per affrontare le sfide della vita e per celebrare le gioie della scoperta.

Questo libro prende spunto da alcuni capitoli del precedente lavoro dell'autore, intitolato "Siamo già noi tra dieci minuti: diario." Tuttavia, è più di una semplice estensione di quel diario. Risonanze dell'Anima è un'opera che sorge dalla necessità di esplorare a fondo i concetti discussi in quella conversazione, ampliandoli e approfondendoli, trasformandoli in una narrazione continua e compiuta.

Nelle pagine di Risonanze dell'Anima, viaggeremo attraverso il complesso tessuto dell'umanità, cercando di svelare le verità nascoste e di illuminare i sentieri della comprensione e della consapevolezza. Questo libro ci guida in un viaggio che ci porta ad affrontare i misteri dell'esistenza, a comprendere la profondità dei legami umani e a riconoscere il potenziale di crescita e cambiamento.

Questa prefazione è un invito a immergervi in queste pagine con cuore aperto e mente pronta, a esplorare il mondo complesso dell'essere umano e ad abbracciare le sfide e le meraviglie della vita. Insieme, attraverso queste Risonanze dell'Anima, esploreremo l'infinito territorio dell'esperienza umana, alla ricerca di significato, connessione e crescita.

Nota: Risonanze dell'Anima prende spunto da alcuni parti del precedente libro dell'autore, "Siamo già noi tra dieci minuti: diario." Se hai avuto il piacere di leggere quel diario, troverai in queste pagine una nuova prospettiva e un'espansione dei temi e delle conversazioni precedentemente intraprese. Tuttavia, Risonanze dell'Anima è una creazione unica e indipendente, che mira a esplorare più a fondo i temi trattati nel diario originale. Gli argomenti qui presenti sono stati elaborati, espansi e intrecciati in un nuovo contesto narrativo, offrendo una prospettiva più ampia e dettagliata sull'essenza dell'umanità e sulla ricerca del significato nella vita. In ogni caso, sia che tu abbia già intrapreso il viaggio di "Siamo già noi tra dieci minuti: diario" o sia un lettore nuovo di entrambe le opere, ti invitiamo a immergerti in questa nuova conversazione con la mente aperta e la curiosità del cuore. Le Risonanze dell'Anima sono un'opportunità per approfondire la nostra comprensione della vita e per celebrare la bellezza dell'esperienza umana.

Buona lettura,

Gerardo D'Orrico

1. Alla Scoperta dell'Anima

Il vano tentativo di esporre la quintessenza dell'azione, chi si addentra nel labirinto delle indagini più inquietanti, la possibilità divina del dubbio, del non esserci, del silenzio. Un giorno di celebrazione si palesa all'orizzonte, ma la realtà rimane immutata, intrappolati nella sinistra dimensione del male... Eppure, sembrava insormontabilmente arduo, e ancora una volta, con implacabile regolarità, il caso si ripete. È necessario accettarlo, oppure è imperativo costruire una legge, una soluzione per i peccati quotidiani, con i loro rituali forzati. Questi maledetti problemi conferiscono dolcezza alla nostra esistenza. Osserviamo con chiarezza verso il futuro, ma nel regno dei ladri, nessuno ha mai osato pronunciare una parola. E chi lo farà per primo, dichiarerà ciò che viviamo oggi, ciò che è effettivamente reale.

Migliaia di norme da rispettare, regole che non ammettono errori come parte intrinseca della vita. Il tuo impegno verso gli altri è la tua presenza, anche quando sei fisicamente assente. Errori, omissioni, porti d'attracco, terre sconosciute... siano essi visioni o precisioni, si tratta di un falso nella vita, ma cosa sussurra questo luogo? Finirà nel ventre di un software o in qualche altra astrazione più avanti.

Sarebbe opportuno, in due righe, spiegare ciò che non si sa, senza presunzione. Non dobbiamo essere ingannati, le cose sono viventi, singoli elementi che plasmano la differenza nel nostro vuoto. Ogni cosa che esiste inizia da zero, e qui chi detiene il potere è l'oscurità stessa. In taluni momenti, sembra che ci stiano portando in un luogo in cui non esistiamo, dove non siamo né idee né individui. Un campo aperto, desolato, in cui nessuno si trova, dove potremmo essere condannati all'eterno oblio.

In realtà, tu sei qui, nessuno è partito perché sentivamo la tua mancanza, il falso si dissolve come una doccia gelida. Ci attendono cinquecento libri da leggere per acquisire la conoscenza necessaria. Qui, lo scambio di identità è la norma, rimanere in questo luogo è un anatema. È l'aria che respiriamo, ma nessuno agisce. Quella che sembrava la solita canzone si rivela essere l'intera esistenza. È una tristezza generata dall'indifferenza verso il dramma, dove persino il vincitore viene cancellato per errore. Per uscire da questo luogo, è necessario invocare la legge. Non è un sogno, ma una tragedia vissuta da altri nelle nostre stesse vite.

Chi si lamenta che il futuro sia una ripetizione del passato o di vite altrui guadagna cento punti. È necessario distinguere la spiegazione di come siamo vivi, cosa facciamo mentre lo siamo e la sua opposizione. A volte, basta un piccolo movimento per scatenare la litania. Siamo in tempi moderni, eppure ciò che pervade l'aria richiama secoli passati, così reali come la cecità che portiamo con noi. Questa realtà unica ha cambiato il mondo. Le persone e le misure non divengono passato, ma invece, il futuro è una costante rinascita, sotto un nuovo segno. Rinascita, rinnovamento, antidoto contro la morte in vita. Alcuni lo considerano affari pericolosi, ma sarebbe più preciso dire che altri rubano, sottraendo le bellezze che sono state e saranno sempre le più autentiche. Nel frattempo, altri ignorano le cose impossibili.

La staticità del movimento genera un risveglio interiore. Nessuno ci denuncerà, è solo il timore eccessivo di quel programma che nessuno è riuscito a risolvere, a essere cambiato... La musica è finita, ora dove stai andando da solo? Alcune cose brilleranno come oro, altre svaniranno.

Dopo il pranzo, dovrò partire. Andrò in un luogo in cui questa realtà non esiste più. Il ricordo sarà la chiave per l'accesso. In fin dei conti, se si vuole perdere una chiave così preziosa come quella per entrare in casa, non rimarrà molto altro. Hai ancora quei fiori d'arancio in questa guerra senza confini. Da ieri, oggi persiste e non sembra voler finire. Continua così, come una vita ciclica o una realtà artificiale che ci tiene prigionieri. Tu sei un bene, il tuo dovere è un impegno personale. Dobbiamo cercare il bello e il bene del passato, poiché ciò che non abbiamo fatto rimarrà con noi, come le stanze oscure in cui nessuno entra.

In queste camere deserte, dovremmo trascorrere l'intera giornata, l'intera vita.

Per approfondire ulteriormente questi discorsi, dobbiamo considerare che, a volte, le parole si esauriscono da sole, senza nemmeno essere pronunciate. Se desideri essere tutto per noi, dobbiamo trovare i pilastri su cui basare le nostre decisioni, in modo da non ripetere gli stessi errori. Possiamo farlo senza alcuna difficoltà. Le parole si consumano da sole, senza bisogno di ulteriori spiegazioni. Puoi fare ciò che ritieni giusto, poiché molte cose che un tempo erano proibite ora sono lecite, rispettando la legge.

Il padrone agisce male? Di cosa si tratta? Scatole, oggetti celati nell'oscurità, privi di esperienze, persi nell'ignoranza. Questo mobile, in realtà, non differisce da ciò che è concreto. Ciò che è tangibile è una questione delicata, spesso ridotta a mera programmazione. È necessario uno studio dei nostri settori personali, intesi come futuri evitabili, una sintesi software, lo Stato o il consiglio di un amico.

Giungiamo alla fine laddove siamo destinati, nei discorsi che faremo o che hanno già visto la luce, in una leggera riflessione, talvolta solo un software presente come errori o come ciò che non faremo. Le cose non saranno visibili, così come le persone che incontreremo. Cosa hai fatto, cosa ti aspetti, cosa è stato cancellato dal programma, cosa hai omesso di realizzare? Il concetto persiste, non può essere cancellato, o rimosso dall'ignoranza o dall'arbitrio. Ricorderemo dove la barca approderà, presso la banca.

"In fin dei conti, è così che vanno le cose. Nessuno dice nulla, e tutto svanisce."

Guardati attorno, supera la collina infuocata, rinasci come te stesso dopo un errore. In questo pianeta all'inizio del 2008, le forme sono infinite. Alcuni affermano che tra poco tutto finirà, che nulla accadrà più. Invece, la vita continua implacabilmente. Tu sei un bene, e il tuo dovere è un impegno personale. Dobbiamo recuperare il bello e il bene del passato. Ciò che non abbiamo fatto nel passato, non lo faremo mai. Guarda meglio, gira intorno, e sarà già finito. Alcune oggettività si trasformeranno in entità tridimensionali, acquisendo importanza.

Abbiamo esagerato, abbiamo dovuto farcela da

soli, seguendo il percorso giusto fin dall'inizio. I fiori spariscono alla luce del giorno, nella notte senza fine, in cui la vita sembra non avere termine. Sei tutto ciò di cui la vita ha bisogno, ma se sei tu a cambiare, non c'è nulla di strano. È come se tutto fosse già risolto, ma le persone passano sotto la finestra di casa, ansimando. A volte, è sufficiente parlare, a volte, è solo un po' piccante. In una città in cui nulla può essere fatto, poiché noi non esistiamo. Parla con quei curiosi amici per vedere cosa ne pensano della situazione. Dì loro: "Come posso dirti che non sei più nei miei occhi?" Ho ancora sonno, respira, i consigli qui sono costosi.

2. Il Viaggio dell'Identità

Vivere o persistere in uno stato di irrevocabile incredulità nei confronti del bene, con l'assoluta certezza di riconoscere ogni furto subìto. Questo scenario evoca un viaggio nella solitudine, un confronto così profondo che la vita stessa non può tradire, addirittura più doloroso di un matrimonio fallito. Senza dubbio, è un discorso politico che coinvolge una porzione della nostra gioventù, una visione fantasiosa del presente con le sue inarrestabili evoluzioni, un momento nella vita che non si limita ai ricordi, ma che abbraccia una profonda consapevolezza e conoscenza.

È come uno specchio che riflette l'oscurità che oscura la vera verità, qualcosa che sfugge ancora alle parole, alle azioni, o alle opere che tutti sperano di vedere realizzate. So di quel luogo in cui vorresti che ci incontrassimo nuovamente, quel luogo in cui dicevi che era preferibile vederci. Quanti gradini ci separano da quel più là che sembra così terrestre? Quel mostro da evitare, una volta giunti al punto, ancora non sa ciò che desideriamo. Ogni problema sorge laddove le abilità argomentative si esauriscono.

L'aspetto cruciale della transizione verso la terza età non sembra un problema, considerando la vasta quantità di persone e idee che ci accompagnano lungo il cammino. Sarebbe preferibile sradicare la solitudine da questo scenario. Un discorso universale emerge dal mondo in continua mutazione, parole che mantengono il loro valore, anzi, lo incrementano. Mi sembra che tutti siamo coinvolti sin dalla nostra infanzia, anche se non sappiamo cosa sia realmente accaduto, non per la realtà, ma per il sogno interrotto che sembra fluttuare nell'aria, lontano dalle nostre acque fognarie cittadine. Nessuno sembra in grado di esprimere ciò che sarà per tutti così. A volte, diventa arduo parlare, spesso siamo intrappolati in quelle contraddizioni temporali alle quali non possiamo far fronte, dissociandoci dal presente o, per meglio dire, dal passato recente.

Mentre il secolo scorre, noi rimaniamo immobili, il tempo fa il suo corso in modo inesorabile. Tuttavia, le prospettive future sono infinite, molto lontane dal canone di idee imposto da un certo partito. La verità è un bene prezioso in questi tempi... anche se una cancellazione non può durare per sempre, e già il secolo del bene sta facendo il suo ritorno. Una luce sullo sfondo, al tramonto o all'alba, inizia a lenire le ferite. I nostri ricordi, il nostro destino, i sogni che talvolta si presentano: ci fa sentire meno soli, il che è certamente un miglioramento. In seguito, vedremo cosa si cela nel gusto della vita, un sapore leggero di polvere da sparo, ma ciò che ci rende distinti è il nostro pensiero concreto.

La solitudine, un argomento che rientra tra quelli poco sociali, come la morte o il vuoto cosmico. Talvolta, le parole sembrano rinunciare a uscire dalla bocca, o siamo impediti dal tirarle fuori da soli. Sono questioni quotidiane di cui spesso non si parla. Un groviglio di assenze ed essenze, che non segue misurazioni temporali, né preoccupazioni su cosa fare dopo. È uno spazio in cui le età avanzate diventano una realtà. Tutto si concentra in un unico punto, in una miniera: il falso, il profano, ciò che non è bene. La nostra situazione attuale, la verità nascosta di ciò che stiamo cercando, il sapore del bene e del male, poi spetta a te, non a me, decidere cosa dire o fare. Sembra quasi un rituale simile al cuore, studiare o leggere tra una pausa e l'altra, aggiungendo la tua visione del passato.

L'età avanzata non dovrebbe mai condurre alla solitudine. Il presente potrebbe benissimo rappresentare il futuro, anche se, a volte, le parole sfuggono, come se avessi sentito molte idee erronee, ad esempio, che siamo già defunti o che mettono in dubbio la nostra integrità fisica, la completezza o l'integrità. Forse non saremo mai completamente completi, ma da anziani, cercheremo una pace interiore assoluta. Il problema principale è che nessuno sembra sapere cosa ci riserva il futuro, una situazione ancora da definire, non è nulla, e la difficoltà di comunicare una cosa alla volta o di ammettere l'ignoranza.

Da dove proviene questa strana onda? Forse non ti

è mai capitato, ma bisogna fare attenzione a con chi si conversa. Nessuno sembra sapere nulla, mentre abusi e ingiustizie sono diventati legge e ci invitano a continuare a vivere, ma la realtà è scritta nella storia, la verità è che stanno tradendo pesantemente se stessi. Di notte o alle quattro del mattino, si riesce a vedere meglio cosa è accaduto il giorno prima, e ci si chiede se qualcuno viva nel posto sbagliato o siamo noi a essere fuori luogo. Alla fine, tutti affronteremo lo stesso destino... e quale sarà il significato del niente? È meglio dire che non tutto è come sembra, non è così facile identificare il male o chi ha vinto, sembra quasi che ci voglia molta forza per risorgere, soprattutto nell'anno zero nove. C'è chi crede che il bene sia già passato e che il futuro sia identico al passato, ma in realtà è una questione di regolarità o di incrementi percentuali di sé stessi. Le persone arrivano dopo, la vita continua dopo la morte, ma è anche una questione legale ciò che non diciamo. Le persone sono più di tutto, sono reali, non fittizi.

Un giorno qualunque, la scoperta dell'America, quanto strane siano molte cose su questo pianeta, con le cadenze di un universo a metà strada tra realtà e fantasia, e questioni così complesse che coinvolgono migliaia di individui, spesso creano confusione. La luna calante sembra una scena già vista... e il film si ferma, ma i ricordi sono chiari. Chi ha detto che deve finire, caro ministro rappresentante dello Stato? Sembravano problemi insignificanti, ma in realtà erano vuoti di memoria, tipiche discordie tra i nostri cari, e per me, siamo costantemente sottoposti a pressioni, altrimenti vedremmo meglio, ma c'è bisogno di una pausa. L'America, chissà cosa stai facendo oggi? Meglio continuare a terra, ci sono troppi film da discutere. Invecchiare non è un torto, ma un grande rimpianto, richiede una divisione delle responsabilità, quindi non biasimarci troppo.

È meglio riposare e aspettare, perché il luogo in cui viviamo non è tranquillo, abbiamo perso l'appetito, le parole non sono solo termini, e dirle può essere un abuso. A volte, guerre, persistenze, credenze si accumulano intorno a noi, e se non parli, nessuno può capirti. Secondo il governo, dovremo farcela da soli, divertirci da soli, diventare qualcosa, non solo una costruzione. Non troveremo soluzioni senza combattere, ma continueremo a farlo, anche se l'aria è diventata così pesante da soffocarci. Vogliamo il potere e la volontà, ma nessuno risolverà questi problemi al posto nostro. Ci sentiamo già bene, la paga è buona e ci convincono di continuare, ma ora, oggi, quanti tagli abbiamo subito? Quanto siamo stati abbassati? D'altra parte, nessuno ci sta insultando, è solo l'aria intorno a noi. Se fissi la testa in una direzione, sembra che tutto si risolva, mentre se guardi nell'altra direzione senza accorgertene, nulla è risolto. Cantiamo oggi: il bene è stato cancellato, e chiunque tenti di recuperarlo sarà giustiziato come stregone o strega. La fantasia guida tutto, tam tam.

Il sogno, beh, l'incubo sembra non voler finire, il rapporto è diventato assurdo, ma se intendiamo continuare da soli, allora non siamo ancora svegli. L'idiozia è spesso dietro l'angolo, ma talvolta è meglio guardare altrove, la vita può diventare una perdita di tempo. Come si può credere che ciò che arriva dall'est sia sempre il bene? Presto i ragazzi compiranno diciotto anni, e se guardi il video, la soluzione a tutti i nostri problemi sembra già esistere. Sai che l'aria di menzogna non è qui, ma in qualche altro posto, ehm, non tutti i problemi sono risolti da queste parti.

La vita è un continuo susseguirsi di sfide e incognite, un viaggio lungo il quale dobbiamo lottare per mantenerci a galla. Spesso, sembra che le denunce e le accuse vadano in una sola direzione, e nonostante il passare di un treno sulla strada che percorriamo, sembra che non si arrivi mai a una soluzione. Se siamo noi il male, è possibile che i colpevoli non vengano mai puniti. L'età avanzata è come un sogno che non vuole finire, o forse è qualcosa di più profondo, che rimane in sospeso.

Il mondo è rimasto sbalordito quando finalmente è stata dichiarata la verità, le esistenze sono ciò che sono, e siamo ancora qui, immersi in misteri che vanno ben oltre la tomba. Con calma, possiamo cercare di chiarire uno schermo coperto di sangue, ma il sabato arriva come un giorno di tranquillità, e la pace sembra appartenere a tutti. Tuttavia, osservando attentamente, ci accorgiamo che l'atmosfera non è quella che ci aspettavamo.

Le persone mi chiedono della struttura del bene, e rispondo che, appena svegli, è difficile fare del male. Sono stato sveglio solo da quindici minuti, e la vita non svanisce, ma viene assimilata, superata. È come salire una lunga gradinata composta da più di mille scalini. Ma dimmi, non siete scomparsi, l'altro è andato via, hai già sentito le parole della parte finale del mio discorso: non è colpa, ma una questione di fede in Dio.

Il segreto delle parole è ciò che ti interessa di più,

mentre il mondo osserva in silenzio, le persone, i colori... Le parole grandi che si occupano di persone piccole rappresentano la nostra insidia maggiore. Durante questo disastro, l'incredulità delle persone e la forza inespressa per realizzare la nostra energia sembrano conquiste che non ci appartengono.

La realtà era il nostro sogno, ma non discutiamo del vuoto, poiché siamo tutti uguali. Tuttavia, questo posto un giorno si chiamava "Equilibrium," come nel film, una svastica senza le stanghette protratte dai lati. Mentre il male avanza, non guardarlo, ma comunque diventeremo anziani, ascolteremo, guarderemo, perderemo tutto, in breve.

Controlla ciò che trovi e torna nella tua stanza a casa, senza istruzioni. Vedrai che, anche se non si capisce bene, sembra che siamo nel giusto. Parliamo per crescere, ma le parole rappresentano un lavoro arduo, passando dal vuoto all'ignoranza dell'individuo, e poi iniziando a guardare solo la pioggia che cade e chi cerca ancora di adescare. Sarai ancora vivo, anche se ti vestirai da anziano o farai parte di una coppia, un single, ma sempre un individuo. Questo è ciò che è, ed è terribile.

Siamo quindi ad un passo dal paradiso, ma per nessun motivo possiamo avere tutto ciò che desideriamo. Una denuncia sembra necessaria. Anche se siamo calmi, dove stiamo andando, io non entro in un'altra stanza. Vedrai che tutto si chiarirà, poiché non esistono soluzioni per un problema già risolto, e se qualcuno ne parla, avrà la sua visione unica. Chi pensa che una volta risolto il problema, tu o io non resteremo con niente, solo il ricordo di ciò che era o di chi era. La vita procede troppo velocemente, sembra un aiuto, come una lobotomia, una smagnetizzazione della coscienza e del ricordo, sia del passato che del presente.

Credo che viviamo, ma tutto il resto è noia, come la canzone "Come vivi sì, ma giù...". Sembrano i motivi per non diventare persone adulte, con il vantaggio superiore. La libertà è uguale per tutti: se capisci cos'è una bestemmia, il discorso continua. L'ora si prolunga, e penso che ho smesso di scrivere da un po'. Diventa davvero difficile parlare con un contemporaneo, specialmente oggi, che è gennaio. Se rimaniamo sempre chiusi in una stanza, dove sono le cose che volevo dirti anni fa? Se non usciamo e gli errori aumentano, ma se pensi, il pensiero è nulla quando guardi chi hai di fronte. Credi a me, non sono errori della nostra compagnia, ma dell'aria stessa.

So che l'equilibrio è importante, ma se vuoi un traduttore per ogni emozione, parola o situazione comune, allora non ci stiamo davvero capendo. Il bene rimane ancora un mistero. Quando tutto sembra perduto, in realtà nulla è andato perso. Alle persone manca la parola, proprio come la disgrazia fa parte della nostra vita. Vuoi continuare a bere? Non c'è un luogo dove il vuoto regni sovrano, l'aria sembra diversa, la vita sarà dopo, e ci sono altre cose di cui non ci parlano in televisione, come il fatto che dobbiamo essere aiutati quando invecchiamo, come se la vita continuasse senza di noi. Poi tocca a te, chiedi la tua chiave impostata su di te. Qui, non esiste nessuno.

3. Oltre le Maschere

La marginalizzazione è stata situata là dove il cuore era assente o inesistente, il tuo spot suggerisce la possibilità di tradire te stesso, non è forse così? La tradizione ci conduce verso luoghi in cui l'ultimo atto di furto o appropriazione è sfuggito al nostro discernimento, ciò che un tempo era stato numerato con un codice a barre, articoli e codici espressi in parole che perdurano per un intero ciclo di rotazione terrestre. La fuga da questo ambiente è inarrivabile, l'Italia palpita in un modo disarmonico, siamo tutti anarchici rettificati, chiunque si sposti è già scomparso o condannato, sembra essere uno dei migliori istituti di "l'immobilità regna sovrana."

Quando i nostri ricordi si dissolvono in un regno sovraumano, dove inizia una società per azioni S.p.A., diventa evidente l'orrore che permea troppo della realtà, una realtà confusionaria, gli esseri umani, i retti cittadini, desideri sapere quando questo andazzo ha avuto inizio? Mai, è un ciclo che deve ancora avere inizio. Dopo un pasto, ci si sente meglio, acido o amaro, siamo amari di qualità, marchiati dalla nostra condizione, e tutti ci conosciamo perfettamente. La confusione è intrinseca a ciò che ci spinge a cercare, saliamo dalla morte al futuro passato... nel pomeriggio, il silenzio regna sovrano, nessuno comprende il male, non permettiamogli di celarsi nell'inganno dell'autosufficienza, né di rappresentare una trappola per le nostre esperienze, in cui non ci rendiamo conto d'esserne prigionieri.

Allineati, alienati, la tua legge si trasforma in formalità, quintali di idee oppresse, quei mostri sono creature ripugnanti, coloro che agiscono in un certo senso non possono operare in senso contrario, il male è già presente nel momento in cui lo trascrivi. Chi sa il perché non è successo? Forse siamo noi le manifestazioni, gli esseri umani dalla produzione designata, oggi non interagisci col tuo prossimo, non hai mai messo piede in Canada, troppi tabù offuscano la comprensione, mentre un sinistro sole si staglia all'orizzonte, rendendoci difficile distinguere il bene. Tu pensi sia lì, ma invece non è affatto lì, e chiunque neghi il suo stato d'animo verrà cancellato; prevale il potere di chi è o di chi è stato, senza più menzione... potrebbero passare ancora anni e il male sarà ancora al centro delle nostre vite.

Ti chiedo scusa, ma perché non parli? Forse non puoi liberarti da questo vortice infinito, di certo è il passato che ti ha tradito, vedi, esiste solo la strada, dove e quando. È sicuramente una storia altrui, ma tu dove sei? Dobbiamo smettere di credere alla morte in vita, una storia di bambini che non crescono mai, e devono essere rinchiusi in una prigione, una tragedia di cari che accade oggi in casa o, un'altra situazione in cui nessuno sopravviverà, altrimenti finiremo nello stesso luogo; sembra che la gioventù chiami a raccolta, a cercare dove sono gli individui, in modo da evitare leggi d'appartenenza imposte sugli altri cittadini, e così via per tutta la giornata. Vivere nel male, non lo dici? Tornare indietro a che scopo? Allora non era quella la strada, e non si dice nemmeno: gli esseri umani si sono persi perché non dovrebbero compiere atti malvagi. Chi ci ha imprigionato? Perché non ce la faranno? Vedi, il problema non era strettamente personale, alcune persone sono state smarrite per via delle proprie scelte, mentre altri si sono distanziati.

È sorprendente non fumare eccessivamente, odio quelle idee di bene che confondono il pensiero presente come una fase transitoria. Quando esistono tanti "lui" e "lei," e non solo un singolo personaggio, anche malvagio, solo nella nostra comunità, un individuo per ogni luogo o residenza... e così evitiamo. Cosa potrebbe essere accaduto in basso o durante il digiuno? Un punto e ci rimane solo la respirazione. Avverti quanto sia prezioso l'ossigeno. Quello che era vero per me in un luogo e momento è ancora vero, respira a intervalli, fumi o hai una lampada qui, in silenzio, un attacco alla politica, alle otto di sera, che è peggiore di... non riusciamo a capire il vuoto a tema: le gravi perdite di tempo, dieci anni ancora o guardarlo per tutta la vita, sembra essere il tuo volgare, disintegrato per raggiungere una destinazione sconosciuta, in seguito hanno deciso di non parlare più. Cosa accade è la noia di ciò che dovrebbe essere oggi senza complicazioni, osserva quante persone ci sono e sei già coinvolto in un reato contro gli altri.

Noia romana, il presente e il futuro, cosa credi di vivere in Calabria. Il nostro software per sopravvivere è corrotto o violato, chiunque lo dica, la divisione dei beni dovrebbe chiamarsi la cosa che gira in città, non caro cittadino. Il piacere delle cose buone e genuine, così come di quelle cattive, è che ciò che si può conoscere è ciò che si è in grado di comprendere in anticipo, ed è già tutto errato, il brutto è già presente, così come la morte fa parte della tua vita. Un atto di denuncia può superare tutto, si vive bene o nel bene, anche solo poiché giunge la sera, come una sorpresa con problemi, così inizia il discorso di ciò che hai vissuto, di ciò che non hai fatto, perché sei stato... hai visto quanti entrano in noi e dicono che la festa è qui, loro sono forti e vincenti.

Se sei stato denunciato eppure tutti vogliono emularti, domani tutto sarà illegale. Chi vuole esprimersi viene arrestato subito dopo aver aperto la bocca, è certamente una questione degli altri o della nostra stessa parola, la bocca è forse sporca? Vuoi la pace? Devi identificarti. Presto il carcere durerà meno di dieci minuti, là dove ti sei perso, perché eri troppo confuso. Senti un rumore? Va bene. La maggior parte dei problemi sono uguali per tutti, è meglio concludere la serata in cucina. Va bene, il discorso era lungo, dalla confusione rischiamo di non fare nulla, troppo rimane inespresso ma, sai, è rimasto non fatto. La soluzione va oltre il male, una dichiarazione di non appartenenza agli altri, poi ti troverai, è vero. Il rumore che senti desidera penetrare nella tua casa, come in ogni dimora della città, il male non può essere nominato mentre, lì fuori, le cose sfrecciano veloci sotto casa tua.

Per quanto riguarda la soluzione dei problemi, dovremmo eludere spiegazioni verbali, ciò che è inimmaginabile si può ottenere senza utilizzare parole, evitare semplicemente di fare. Il contatto sarà una perdita di tempo: cosa hai fatto sabato sera, durante la settimana o ti sei sposato... cosa non approvi, l'irrisolto è presente mentre tutto ha un nome, tutte le cose descritte ma solo qualcuno ne parla di una realtà molto onerosa per la tua esistenza e gli obblighi pubblici, escludendo i testi sacri: oggi così, domani chissà. Ancora credi che non vedo? Guarda, non è affatto uguale a ciò che gli altri hanno perso, sono situazioni contraddittorie in cui tu non trovi collocazione, ma crescerai e comprenderai, fino alla fine... la vita continua, indipendentemente dall'epoca in cui vivi, sicuramente un'ombra oscura aleggia sopra e intorno a te, che si nasconde facendo finta di non interessarti, per poi iniziare ad afferrarti questa sera... sai, da questa parte la serata è molto particolare, piena di esseri umani che non hanno fatto nulla per le solite gravi questioni, chi è responsabile? Siamo diventati trasandati, diciamo così, ognuno di noi sa molte altre cose, la colpa ricade su colui di cui si è parlato tempo fa, credo che cosa è accaduto affermava d'essere riconoscibile da tempo, non solo da cinque minuti o dieci, la trasparenza del nostro essere è qualcosa di diverso: ci copriamo per non perdere energia durante il resto della giornata... ed era già tutto così, come le foglie cadono d'inverno, le vie e le strade, con il buon gusto di ciò che era, mi scuso, ma ci sono compiti da portare a termine.

Soli nel nostro piccolo gruppo, possiamo affrontare solo questioni che appartengono al dominio statale, e gli occhi offrono sollievo, è sempre la stessa confusione nei giorni passati, ora siamo certi di discutere d'altro e che gli altri non parlando di sé stessi è dovuto al fatto che è troppo... sono dei vampiri, e di cose che non vengono pronunciate da errori o dall'ingenuità... quindi ci hanno messo in questa posizione, non sarebbe meglio accendere la televisione. Vado a vedere se c'è ancora del caffè in cucina, nel riassunto di una settimana in cui il mondo rimarrà immutato, ciò che desideri conoscere non sopravvivrà in noi. Il primo impulso, il resto del pianeta che gira attorno a noi, con o senza la nostra collaborazione, vitamine o medicinali, se guardi dove non c'è nulla, eh, non assumerlo.

4. Riflessi dell'Esistenza

Nella quiete dell'etere, un giorno analogo ai suoi simili, rivelando la solitudine dell'assenza, si adombra il vuoto incolmabile dell'ignoto. Questo, non inteso come un riferimento alla criminalità organizzata, ma piuttosto come l'abisso dell'incertezza. In questo labirinto del non sapere, l'identità si sgretola e le strade si moltiplicano come le sfumature dell'animo, sfuggendo a ogni tentativo di chiarezza. Ecco, in questo spazio interiore, che si profila la necessità di cancellare i disastri che affliggono l'anima.

Le domande si susseguono, immergendosi nelle profondità dell'inconoscibile, rendendo difficile distinguere tra ciò che è e ciò che dovrebbe essere. In questo mare oscuro delle parole, la verità sembra nascosta tra le pieghe dell'ignoto. Ma forse, nessuno ha davvero compreso, e la risposta si cela in un cassetto segreto del nostro essere. La lotta contro il male si rivela un inganno, in cui si svela la duplicazione, e il pubblico e il privato divengono una danza confusa.

La morte del falso fascismo è necessaria, perché il silenzio perpetua la propria tirannia, sospettando di un omicidio simbolico. La raffinazione artistica emerge quando si supera il male interiore, ed è in questo momento che la tua essenza si esprime nella sua bellezza. Continua a respirare, perché questa è la strada della comprensione.

La complessità del presente sembra dissolversi nella comprensione di un passato in cui nulla esisteva se non superficie. Il bene e il male, l'amore e l'odio, sono universi esterni a noi, ma anche dentro di noi, e il tempo fluisce senza ritorno. Le strade già sono state tracciate, ma sei tu, il soggetto della narrazione, a conferire loro significato.

Il miele del male può celare le profondità più oscure, mentre la vita scorre, insinuandosi tra le pieghe della realtà. Nel buio della notte, la distruzione diviene la fine della frase. Ma non disperarti, perché c'è un rinnovamento nell'oscurità.

La fede, in Dio o nelle patatine fritte, è ciò che ci sostiene. Nonostante il silenzio e l'omertà, il mondo è più vasto di quanto sembri. Le parole possono cadere in una gravità che sfugge alle norme, ma è in queste lacune che si cela la novità.

Aspetta domani per il prossimo capitolo, perché l'amore sopravvive, e così facendo, il mese di novembre saluta. Nella danza della vita, il mare esiste, ma molte verità restano celate, e alcune risposte sono perdute in un cassetto segreto del nostro essere.

Il peccato si cela tra le pieghe delle parole, ma non bisogna ignorare il lato oscuro. Librati tra le onde delle domande, perché il bene e il male, come tutte le cose, esistono fuori e dentro di noi. Il tempo scorre inesorabile, e ogni giorno siamo un passo più vicini alla comprensione.

Non si tratta di una sola forma d'onda o di una sola

nota, ma di un vasto universo di possibilità. Le soluzioni possono apparire nel punto in cui meno te lo aspetti. Nonostante le apnee, l'essenza dell'essere umano persiste, e il futuro è una tela ancora da dipingere.

Le parole possono essere inadeguate a esprimere la complessità della realtà, ma la forza della solitudine e il silenzio possono racchiudere un mondo di significato. Il male mira troppo in basso, ma è la presenza stessa della vita. La comprensione è la chiave per liberarsi dall'inganno.

La comprensione è il faro che ci guida attraverso il labirinto del non sapere. La bellezza della musica e delle patatine fritte risplende, anche quando tutto sembra confuso. La tua voce può essere luce nell'oscurità, e non dovresti mai rinunciare alla fede. Siamo fatti di molte sfaccettature, e la vita è una tela in continua evoluzione.

Nel suo silenzio, la vita può celare la saggezza. Nonostante i giorni persi, c'è sempre una via verso la comprensione. La risposta non è mai una, ma una sinfonia di possibilità. Continua a cercare, perché nella profondità del mistero, la verità è celata.

5. Dialoghi sull'Umanità

Nel baratro insondabile si estingue l'essenza, dove un pensiero si smarrisce in un punto sbagliato, già svanito. Il luogo, non necessariamente fisico, diviene il palcoscenico per errare, e la realtà si svela come un labirinto complesso. Le catastrofi di millenni passati persistono nell'ombra, nutrendo l'anima.

Quali segreti celano le parole mentre la decomposizione persiste, e Alice sembra assente, un'entità inesistente. Gli affari e le convenzioni sono timorosi in queste terre, ma cosa cercare o aspettarsi?

Il confine dell'ignoto sfugge alla comprensione, e il bar, il rifugio preferito, contrasta con la rigidità della legge, mentre la società sembra incoerente, così come le persone non impiegate, estranee alle proprie vocazioni.

Le lamentazioni persistono senza sosta mentre avanziamo verso il punto d'arrivo, ma a questo punto, la stanchezza invade l'animo, e la confusione regna sovrana. L'errore giace nell'essere attratti da ciò che non esiste, mentre l'educazione necessaria rimane elusiva, e la scuola si trasforma in un campo di concentramento di pensiero. La comunicazione, necessaria per l'azione, si smarrisce nella sua forma più autentica, dando vita a un mondo alternativo.

Si inizia a vivere dove l'autenticità è libera, e molte arti risultano difficili in questo ambiente, mentre riflettiamo e percorriamo le strade. Sconfiggere il male richiede una comprensione profonda, mentre il passato sfuma e il futuro si disvela in un nuovo splendore.

La legge del tempo dettata dal silenzio dà il ritmo alla narrazione, mentre l'oscurità si svela come un testo scritto in negativo. Il successo è ormai parte della storia, eppure, appare ancora imminente. La mancanza, il vuoto, le fatiche quotidiane, sono manifestazioni della mancanza di regole o leggi. Il passato e il futuro si intrecciano in una sinfonia di sfumature, come un sogno che si manifesta come una realtà alternativa.

Si inizia a vivere in uno stato di consapevolezza, in cui le pratiche sbagliate sono respinte, e il mondo scorre via come una parete che crolla. Il verso silenzioso è l'unico consentito, e gli errori del passato sono il prezzo da pagare per avanzare su un cammino non diritto.

I ritmi della vita variano a seconda del narratore, del periodo storico, dello stato, delle leggi e delle perdite, ma la comprensione è la chiave per comprendere le radici del passato. Mentre la confusione ci circonda, il futuro si rivela come un nuovo mondo.

Il confine tra l'ingestione e l'assunzione libera si fa sempre più sfumato, e c'è una fame che persiste, ma che un giorno sarà parte del passato. La ricerca di spazi privati, dove respirare liberamente, è una costante, ma chi può portare via l'intera nazione?

Ascolta la musica o riposa in un momento specifico, poiché le trasformazioni del mondo sono in corso, e ora siamo qui, pronti a intraprendere un nuovo cammino. Un punto sparisce quando l'ingiuria viene lavata via, come un detergente per l'anima. L'odierna preoccupazione è un'emozione felice, mentre una e-mail diventa un canale di comunicazione. Dove finisce il mare, inizia la terra, ma se queste divisioni sono nella nostra mente o nelle leggi statali, resta un mistero. La geometria e l'architettura spiegano come chi parla può divenire malvagio, o come la divisione catastale delle case può portare a nuovi conflitti.

Il nostro amico emana un odore simile al nostro ambiente, ma la realtà è già scritta. I carabinieri osservano dall'alto, mentre continuiamo a cercare un nuovo inizio. Siamo stanchi, ma l'ideale perfetto è rivoluzionario e sconvolgente, un qualificato da ripetere. Sfruttiamo il male come un software difettoso, da evitare nei nostri discorsi. La miseria non troverà mai un termine, ma chi ci etichetta deve assumersi la responsabilità, rivelando che fuori dal vuoto non esiste nulla.

6. Il Potere delle Parole

Nell'intricata domanda del presente, o nella complessità del bicchiere, si nascondono troppe incognite. Le rapine sono come un muro che si erge davanti al nostro corpo, mentre le esigenze ci dicono: "Il tuo sangue è bevuto nel mio calice." Il piccolo piatto, originariamente non concepito come una vasta Peugeot di ricordi, ci chiama a esplorare.

Una stella non è mai banale, ma una rivelazione che supera l'ignoranza, un punto dove il tuo codice diventa tuo. Nell'abisso laggiù, chi si cela? Cosa importa se tu o il tuo sistema sociale e politico siete spenti? La democrazia e la realtà si fondono in un intricato disegno. Cosa è autentico e cosa è falso? Le pareti che dividono gli spazi sono costruzioni architettoniche, non naturali, e lì dove sembra non esserci soluzione, una porta non appare mai. Cosa desideravi scoprire? Sai che io lo so, evita quei triangoli che ti allontanano da ciò che conosci, trascinandoti ancora più in profondità, finché non ti smarrisca completamente.

Di cosa gli altri vogliono apprendere? Della libertà che si manifesta dove ti eri smarrito, delle soluzioni e delle disgrazie. Non puoi discutere di ciò che non conosci, quindi rifiuta l'ignoranza. Quell'atroce strage in strada, non è solo un sogno. Il resto della tua vita e il mondo che si manifesta quando esci ti appaiono come una realtà incontrovertibile. Torni indietro, e il giudizio su chi sei ti insegue, ma oltre questo confine, rimane un mistero. Perché buttare via le persone? Siamo più che semplici oggetti da descrivere. Tranne la ghigliottina, chi ha subito una perdita è già lì, pronto a riscuotere la sua vendetta. Il potere è in mano a chi lo detiene, vero? E qualcuno ci dirà quale sia la funzione di questa macchina del destino, stringendo la fine, ma il sole e la luna splendono ancora.

E poi, e poi, una canzone di Mina. Si comincia in modo radicale, percorrendo il sentiero generale delle parole che ci mancano. Buon appetito anche a te. La felicità può essere trovata in ciò che non esiste, eppure crediamo che le parole possano compiere tutto ciò che dicono. Ma forse c'è un partito sbagliato da cui fuggire, mentre gli esseri umani che riflettono su queste questioni rimangono fuori dalla scena. Non tutto è sbagliato, strappato e dimenticato per sempre, sembra che quell'interesse momentaneo di cinque minuti prima non fosse mai esistito. Forse ti hanno comprato in cambio di un male? Ah, capisco, forse non trovi le parole, le tue paure o ciò che il creato può donarti. Vogliono portarti via, ma non sappiamo dove portano. La soluzione è un processo complicato. Essere te stesso in ogni situazione è difficile, ma affrontare il problema è necessario.

Quante persone sono state gettate via in questi anni? Noi non siamo una miniera. Era necessario comunicarlo? Dobbiamo abbandonare il progresso retrospettivo, lasciando alle spalle il passato e guardando all'avvenire. Il mondo è un luogo di innumerevoli possibilità, e non si può fare a meno di iniziare da qualche parte. Siamo tutti vivi, non estinti, figure in bianco e nero immobili. Beni o mali, souvenir o casta, vivere in modo migliore o credere ancora alle molte parole? Lascia perdere quando qualcuno scappa senza fiato. Un quadro di una giornata di sole che ha schiacciato l'estate, il limite troppo alto dove lo sguardo non può spingersi oltre. La tua proprietà personale, la tua voce, le idee che persistono nel tempo, tutto segue una direzione.

Una freccia tra gli occhi, le dinamiche si modificano mentre i demoni sono al servizio di una comunicazione priva di psicologia. D'altra parte, si dice che siamo spariti troppo presto. Il bene non conosce sosta, e il mondo al di fuori della tua porta, tra qualche ora, non è così differente. Anche se alcuni preparano un caffè migliore, sono passati solo cinque minuti e continueranno ad esercitare la loro supremazia. Gli errori sono molti, la soluzione sembra lontana, e la voce si affievolisce, giusto? È troppo semplicistico dire che nessuno ti condurrà dove desideri. L'animale che distrugge non è buono, l'arte è stata deposta e il giorno non può mentire.

L'errore risiede nell'adattare una società a un'altra, o forse a una terza, forse immaginaria. Bisogna fare attenzione, specialmente quando si tratta di punti in cui la conversazione non prosegue. La nebbia avvolge il discorso, ma dire che ci sia una connessione con il fascismo a causa delle distorsioni concesse è eccessivo. La pesantezza di un nuovo giorno, la felicità nell'andare avanti nel corso della giornata, millenni di sonno mentre in natura la soluzione era molto più semplice e le case non venivano rubate. C'è un bar laggiù, dove puoi trovare caffè, cappuccini e cornetti. Il sapore dell'amaro è un mistero. Ciao, ragazzo.

È fondamentale comprendere chi siamo veramente, rispettare gli altri, decidere dove andare e riconoscere che non ci siamo mai perduti. Fai un segno lì, indicando che tutto è al suo posto, che nulla è andato perso, come in una strana domenica pomeriggio di sogni. Ripeti le stesse parole negli anni, continuerai a piangere, ma scoprirai che il male non è un dio. Nuovi orizzonti si apriranno sul silenzio più oscuro, e le idee che hai espresso continueranno a influenzare il mondo. Non pensare al domani, è ciò che significa. Avanziamo verso ciò che desideriamo dire, confermando tutto con rispetto verso gli altri.

Tutto si riduce a una routine, in cui resistiamo all'interno per poter esistere oggi. Dove finiscono i nostri problemi? Solo il futuro lo dirà. Chiudiamo lo

Stato, discutiamo delle colpe, dei reati e dei limiti. C'è un inizio tranquillo, una stesura impeccabile. I poveri rideranno e i ricchi anche. L'argomento è: cosa è successo mai! Due piani di silenzi....

7. Il Legame Umano

Salve giunge il mese di giugno, carico di miriadi di riflessioni e un surplus di quattro chilogrammi di luce solare. La realtà si palesa come la verità, un'entità impersonale o un male che si autodenigra, mentre tu rifiuti di piegarti. È imperativo indignarsi per denunciare ciò che si avverte profondamente. I miti che abbracci non trovano eco, si trasformano in silenzi. Le parole non pronunciate si celano in un discorso, scivolando nell'ombra dell'ine pressibilità.

Bisogna divenire il nulla stesso, senza cercare la

libertà, poiché gli altri agiscono per nostro conto. Le perdite e le malattie si configurano come realtà sottilmente distorte. Perché nessuno rivela le cose in tutta la loro cruda oggettività, simili a un paesaggio sfocato?

Sono prestiti scaturiti dagli errori, dalle sottomissioni o dal semplice silenzio alimentato dalla paura di sfigurare. I punti di vista sulla ragione, in senso lato, rimangono un mistero. Hai delle idee oltre il superficiale? La paura di essere espulsi o di sperimentare una perdita getta ognuno nel male. Occorre comprendere come si vorrebbe che venisse plasmata un'opera pubblica. Da un pensiero inespresso, possono nascere numerosi effetti negativi. Una società piena di crepe sembra non avere alcuna intenzione di restaurarsi. Oggi, l'eloquenza è una merce rara. Due righe bastano: cosa è accaduto oggi, cosa era possibile e cosa è stato ieri.

Sembra sempre lo stesso, un dilemma sull'equità, la forza vincente, la soglia oltre la quale si è considerati giusti, insieme alle cose che non dovrebbero essere accettate. Questo tempo confuso sembra annegare nelle abitudini radicate, e il cambiamento tarda a giungere.

Forse la soluzione risiede nello sguardo reciproco, nel contatto umano. Ma le discrepanze sono numerose: la voce, l'amplificazione di C. Bene, cosa è accaduto non ti appartiene. La legge sembra assente da questo luogo, e tu ti interroghi sulla sua esistenza. Non c'è nessuno lì, vero? Salutare il giorno apre la porta a cambiamenti, ma chi parla ti dice che l'importanza riservata all'insignificante è contraddittoria. Essere nulli può comportare circostanze peggiori. Gli assiomi riproducono noi stessi in modo automatico, come esseri umani destinati a funzioni determinate. Hanno uno stipendio e una macchina. E sarà sempre così, le stesse situazioni familiari, un problema di calma eterea. Portiamo alla luce ciò che abbiamo dimenticato, ci lamentiamo del silenzio delle persone, dell'inerzia delle istituzioni, e dei ladri.

Sembriamo inerti, solo cinque minuti al giorno, eppure siamo diventati esseri contro il male, scorrendo giù verso il basso, percependo il sapore di una vita sottratta, una grave perdita di valori e colori. Io sono risolutamente e perspicacemente contrario. C'è davvero un nuovo mondo, una soluzione ai problemi, una ragione. Il discorso di prima rappresenta la lobotomia, un'oblio dietro la memoria, mentre tu sai che il pensiero del falso simulatore di te stesso è fastidioso. Forse esiste una spiegazione, ma dire "credimi" sembra già troppo. Dove porterà tutto ciò, quando non esiste nulla? Forse il vuoto ti affascina, o forse il male ti attende, pronto a colpire nuovamente. Chi non parla riempie un vuoto con il verbo, in un'orgia di parole e pensieri che creano un vuoto.

Cosa pensi di quest'esperienza, di questa certezza per il domani? Sarà qualcosa da dimenticare o una camera a gas o di gasolio, con belle parole sprecate al vento, nella speranza che fossero purificate. Azioni e parole, cosa non potevamo più fare. Suona la campanella, tutti a dormire, domani il lager. Le parole non dette o non scritte sono ancora collegate, definendo una realtà ben definita, che domani sarà più ampia di oggi.

La conoscenza scolastica e la conoscenza della vita stessa, la comprensione di dove ci siamo fermati, sono il nostro universo. Ciò che vogliamo e ciò che siamo da risolvere in noi e attorno a noi. La voglia di volare, l'invito al crimine, la parola si sporca, e in breve non si ha voglia di parlare o la bocca rimane sigillata. Questo argomento è ampiamente noto ormai.

L'emozione trionfa sul pensiero, ma non solo la fantasia. Dimmi quanti anni hai, e ti dirò chi sei, in questa epoca di duplicazioni che giungerà al termine. In un'era dove un cuore devastato da mille ferite e pieghe insanabili rimane, riusciremo un giorno a emergere da questo tunnel? O questa sarà la nostra vita intera, un enigma ben noto nelle nostre case chiuse, quando la sera si prolunga. Quello che vedi in negativo, lascialo scorrere come una pellicola, scorrendo davanti ai tuoi occhi senza toccarlo, come in discesa. Il colpo al petto era l'ingresso del male. Aspetta un buon film, hai ancora tanto da dire.

Avere duplici parole significa essere in due luoghi contemporaneamente, se lo dici, ti metti a ridere. Siamo una di quelle cose superate, ma che forse non sono mai state comprese. Le persone più importanti sono passate a miglior vita, e quelle ancora viventi sembrano già morte o sepolte. L'ambiente soffoca dove non esiste una parola adeguata.

Ogni giorno è un funerale, il passato viene cancellato alle dieci del mattino, per lasciarci spenti fino alla sera. Qui regnano la matematica e la storia, il male o quel misterioso aggregato di cose che non dobbiamo conoscere, poiché non riusciamo a comprenderlo. Mi scuso, ma qual è lo scopo del silenzio? In carcere, la giustizia deve essere uguale per tutti, ma in due non è possibile vincere la legge. Qualcosa deve essere spiegato, o il dovere si tramuta in una consuetudine, mentre il veleno riposa in pace. Fastidiano le parole a metà, o l'esigenza di un interprete per noi stessi, l'eclissarsi è diverso. Ci sono comprensioni che vanno oltre. Compilare un questionario è simile a un quiz. La soluzione rappresenta la strada che non fa male, è indolore. Siamo cancellati, schiacciati, con un problema da risolvere. Viviamo in un volume, ma sembrava che fosse una buona idea. Siamo diventati un non-personale, per evitare di fondersi. La gente è descritta come un'opera d'arte, ma oggi non riusciamo a comprendere l'oggetto nelle sue sfumature e luci.

La soluzione potrebbe risiedere nei discorsi e nelle parole. Cosa non volevi o dovevi sapere, ma la presenza del male si rivela solo attraverso la tua presentazione. L'arte e l'inventiva sembrano illusorie, ma rappresentano la concretezza della città. Intanto, cerca qualcuno stasera, perché quando inizia, già è finita. Conosci con chi stai parlando e cerca di scrivere cosa pensi, enfatizzando l'importanza dell'argilla.

8. Nell'Intricata Rete delle Relazioni

Nella scorsa settimana, si è verificato un altro frammento di questa tragicommedia chiamata vita. Come se fossimo attori inconsapevoli in un palcoscenico distorto dai costumi dell'ipocrisia. La ricerca costante della verità è essenziale per ottenere una visione chiara in questo mondo in cui viviamo, un mondo in cui spesso si cerca di mascherare la realtà dietro un velo di convenienza.

La nostra percezione del passato, sia trascorso con gli altri o vissuto da soli, può talvolta risultare distorta.

Il silenzio non fa altro che oscurare il nostro pensiero anziché illuminarlo. Accendere una sigaretta può essere un gesto apparentemente semplice, ma in realtà cela la complessità delle domande che vogliamo porre a un essere supremo, se esiste.

Ogni nuova giornata è una costruzione che non parte dal nulla, ma si basa su un passato che si intreccia con il presente. Dobbiamo esaminare cosa abbiamo costruito oggi, poiché in questo spazio possono nascondersi parassiti pronti a minacciare il nostro futuro. Gli artisti, a mio parere, cercano di rivelare il bene nascosto, per elevarlo sopra le miserie. L'arte è uno strumento prezioso per la discussione e la comprensione del vietato e dell'occultato.

Il tempo avanza, ma il progresso deve essere seguito da una comprensione di dove ci siamo smarriti. Il dolore può essere un cammino verso una ferita più profonda che richiede attenzione e cura. Dobbiamo essere consapevoli che ciò che facciamo o diciamo può avere un impatto su molte altre persone.

Il prezzo della noia è alto, e quando ci troviamo nel vuoto, ciò che rimane è l'assurdità della vita sulla Terra. Il male non deve essere attirato, ma spesso risiede nelle azioni umane. Il discorso moderno può sembrare grossolano, ma è essenziale che rimaniamo fedeli ai principi che ci guidano. Il silenzio non è sempre d'oro, e spesso dobbiamo sollevare la voce per rivelare ciò che è nascosto.

Le persone possono essere coinvolte in situazioni di cui non si rendono conto, e a volte è necessario denunciare ciò che avviene dietro le quinte. Ogni giorno porta con sé problemi, ma dobbiamo affrontarli con determinazione, poiché la soluzione è solo l'inizio di un nuovo capitolo.

Il male può colpire chiunque, e spesso ci troviamo intrappolati in situazioni ingiuste. Dobbiamo essere pronti a difenderci e a denunciare ciò che non è giusto. La vita può sembrare una commedia tragica, ma possiamo scegliere come affrontare i problemi che ci si presentano. Guardare al futuro con speranza è essenziale per superare le sfide che ci attendono.

Il mare al tramonto offre uno spettacolo meraviglioso, ma dobbiamo affrontare le realtà scomode che si presentano nella nostra vita. Il progresso non deve limitarsi alla crescita personale, ma deve essere condiviso con gli altri. La comprensione del mondo intorno a noi richiede uno sforzo costante, poiché le cose cambiano e si evolvono nel tempo.

In questo mondo, le persone cercano spesso di nascondere la verità o di negare la realtà. Ma dobbiamo cercare di denunciare ciò che è sbagliato e di lottare per la giustizia. Ogni giorno ci offre nuove opportunità per cambiare e migliorare, e dobbiamo essere pronti ad abbracciarle.

Le ferite del passato possono lasciare cicatrici profonde, ma dobbiamo affrontarle con coraggio e determinazione. Non possiamo evitare il male, ma possiamo cercare di combatterlo con tutte le nostre forze. Guardare al futuro con ottimismo e speranza è ciò che ci consente di superare le sfide che ci attendono.

9. L'Esplorazione Interiore

Ecco, noi non siamo coloro che credevamo di essere. Alla fine, ciò che ci resta è soltanto il nostro vero sé, tra prosa e poesia. Ancora una volta, sorgono dubbi, caro amico, ma ricorda che l'errore è un vasto oceano di inesattezze. La strada si interrompe là dove non sappiamo con chi stiamo veramente parlando, come ti ho detto in passato, è meglio consultare un avvocato. La vita non è un fiore che appassisce alle dieci di mattina o continua per soli due ore; essa prosegue costantemente.

Pensa a risolvere quel grave problema legale che sembrava non essere mai stato associato o utilizzato in precedenza, se non in un binario trascurato. Se solo sapessi quanto profondo fosse quel pozzo dell'anno in cui ora viviamo, anche se ti avverto ancora con perplessità, poiché è ancora intriso di mali. In soli cinque minuti, posso spiegarti la pace nella vita in cui sei già morto, ma rifletti su ciò che è vietato pensare, potrebbe essere proprio ciò che volevi dire.

Forse, occorre pazienza di dubbi e il completamento di molte opere, la paura, e quanti soldi mancano sul conto in banca. Credimi, dobbiamo anche prendere l'iniziativa per far suonare il nostro gallo preferito. Questo è il momento di abbracciare il cambiamento. È meglio cantare la mattina in onore di altre gioie che il tempo ci porta via. Scusa se sembro giovane in età, ma questa è la mia realtà.

San Valentino è ciò che ognuno di noi vuole che sia. Ma se lo guardiamo attentamente, sembra il solo giorno in cui non viviamo in silenzio. Meglio osare conoscere senza ombra di dubbio. Solo seguendo questa strada con costanza, possiamo sperare in una soluzione migliore e dire addio, anche solo temporaneamente, a una parte dei nostri problemi.

Nel frattempo, il mondo sembra essere ancora lontano come la sua luce.

Ancora oggi, ci vuole una forza straordinaria per giungere alla sera. Sembra più grande di noi, questo oblio cosparso di miele che si diffonde nella vita. Rimane ancora non risolto, e spesso ci troviamo senza ragioni valide per essere inghiottiti, senza sapere chi o cosa ci trattiene. Una fessura nel terreno ci separa da tempi lontani, ci obbliga a dimenticare chi siamo o ci costringe a dimenticare la soluzione. Oppure ci lascia pervasi da parassiti. Gli errori che ci travolgono non dovrebbero essere tollerati, non rappresentano la realtà. La vita, quando giunge alla sua conclusione, è una fotografia, e il domani è già diventato ieri.

Nelle situazioni cruciali, la fine delle cose può suscitare timore o disgusto, ma sembrava la scelta giusta. Dove finisce la morale o una persona, può sembrare evidente dirlo, ma talvolta non osiamo sussurrarlo neanche sotto voce. Oggi, le colpe dell'anno scorso sono ancora presenti, e il peggio potrebbe non essere ancora arrivato. La luce fa brillare gli oggetti, anche nella loro semplicità. Dico sempre che viviamo meglio senza suggerimenti esterni, poiché altrimenti rimarremo intrappolati nella gnoseologia di una vita passata, senza comprenderne appieno il significato. Nella conversazione del nostro prossimo, il silenzio può nascondere tagli esistenziali, il prezzo dei nostri sogni in una libertà affettata diventa il nostro destino.

Chi parla? Da dove inizia la storia? La luce del sole è davvero straordinaria, ma potrebbe anche essere uno stratagemma per lasciarci da soli. Le connessioni possono avere problemi, basta premere l'interruttore e dichiarare la propria innocenza. Un simbolo non neo-fascista può essere sufficiente. All'inizio di una realtà relativa, ci sono cose che non possiamo esprimere o baciare. Le parole offensive possono sembrare un gioco, ma alla fine rimangono imprigionate nel male.

Il silenzio impedisce qualsiasi discussione o concretezza su qualsiasi argomento. Siamo costretti a rimanere nel mondo degli altri per più di cinque minuti, ma spesso non comprendiamo chi o cosa vogliono che resti. Questo puntino negativo dovrebbe rappresentare il nostro errore o la mancanza di chiarezza. Hai già compreso ciò che non ci permette di crescere e ci intrappola in un male che non possiamo superare. Stiamo in piedi per gli altri e non possiamo avanzare mentre siamo inghiottiti dalle loro ombre.

Il mondo in cui viviamo è avvolto da segreti mai svelati, necropoli di individui che dormono svegli, funzioni non risolte in una materialità parallela che nessuno sembra osare descrivere chiaramente. Non ci rendiamo conto di quanto possa essere diffusa l'infinita miseria, di individui duplicati, di falsità e di colpe trasformate in reati, come la confettura. Forse qualcuno usa il mondo, ma spesso sembra solo un brutto sogno, e dobbiamo rimanere vigili. In fondo, il mare è sempre lì, imprevedibile.

In una calda giornata estiva, chi ha finito la sua vita? Il lavoro sembra essere infinito, e il numero di persone e richieste è sempre in crescita. I sogni, grandi e piccoli, sono parte integrante della nostra realtà. Hai l'intenzione di completare l'oggi, con una gola tagliata ma risoluta. La perdita di sensi nell'ignoto è uno scherno calabrese diffuso anche altrove. Dobbiamo occuparci dei nostri disturbi in varie forme. Qualcosa inizia di nuovo, e ognuno ha le sue aspettative. Chi è che vuole cosa? Sei stata arrestata, ma la telefonata sta per finire.

Viviamo in un carcere vivo, un luogo di oppressione. Le connessioni non sono destinate a fare da tramite per una conversazione. Siamo tutti uguali, in uniformi statali o nelle linee della vita. Ascolta il passato, la tua voce è importante anche in questa prigione. Siamo costretti a restare fermi o a trovare la forza necessaria per affrontare grandi e insormontabili sfide. Non possiamo permettere al male di entrare. Se manca il rispetto, è colpa del gas o del gasolio.

La storia inizia con un "sì" che perdura per sempre. Tutto ciò che esiste ha un nome, una qualità e delle particolarità. La libertà viaggia sempre con noi, ma dobbiamo rimanere costantemente informati. Non dovremmo essere una di quelle persone per cui il mondo è stato arrestato. La telefonata è giunta al termine.

10. Oltre l'Apparenza

Nella riga imminente, si presenta un'emanazione dall'assenza, dando così origine a una nuova fase del discorso, senza menzionare l'oscurità. Talvolta si intraprende un percorso con l'intenzione di non giungere a una destinazione, mentre nel vasto mare non si scorge la sua conclusione. Ombre si fanno giocattoli spettrali, popolando la mente di rimpianti e occupando gli spazi vuoti con tale profusione che ogni inizio sembra privo di significato, quando si riflettono sulle possibilità inespresse. Non abbiamo mai trascorso una vita intera solamente perché ci sentivamo stanchi o logorati dagli anni, ma ciò che ci ha separato è il vuoto.

Alcune persone traggono soddisfazione dalle nostre sventure, presentandole come i loro successi. Chi ha il diritto di giudicarci, con crudeltà dissennata, mentre si atteggia ad amico o conoscente? La strada appare unica, ma la luce brilla ancora, seppur con sfumature di un futuribile fascismo. Questo barocco del vuoto prosegue imperterrito, mentre siamo sepolti nelle cose proibite. Dimmi chi ostacola arredi ricolmi di luce, autentiche creazioni per soppiantare l'autonegazione nel mare delle parole amene o dell'illegalità. Colui che soppesa, zittisce le anime nobili, mentre sfama gli empi. Queste sono le persone, lo sapevi? Non temere di esprimerti e mantieni la tua integrità. L'errore è un eccesso o un affronto alla conoscenza, una questione ben più grave di quanto le parole possano esprimere. Tu hai preso la tua decisione.

In verità, la realtà si manifesta fuori dalle mura domestiche, anche se raramente si rivela agevole. La precisione si acquisisce con la pratica, e le persone restano invariate. Devi accogliere il loro afflusso, che ti parleranno il prossimo mese. È la sinergia di tutte le cose unite a dar vita a un moderno e contemporaneo straordinari. Gli occhi di chi guarda vedono le cose del mondo sotto una luce diversa, come la miseria in cui la giustizia non giunge mai. E spesso ci sfugge il senso di ciò che è veramente importante, senza che riusciamo a comprenderlo.

Ricorda, ciò che desideri devi prendertelo, non devi concederlo. Allo stesso tempo, un pensiero giusto è un'entità, specialmente se messo per iscritto. Questa giornata è stata colma di insulti per tutti, diffamazioni riguardo a pensieri e parole, atti commessi a causa di coloro che devono rendere conto di sé. Approfondisci ogni aspetto e oggettività al meglio delle tue capacità, proprio come faccio io per svuotare il contenitore della quotidianità. C'erano in azione coloro che desideravano denunciarti. Dimmi quando, se accadrà ancora oggi, se, in un'epoca in cui ogni essere vivente può acquisire valore economico, qualcuno riesce a superare.

Ciò che esprimi è troppo oscuro per definirlo con precisione, una diffusione della comunicazione orale in tutti i suoi modi, costante e pervasiva. Le stesse notizie sempre, il sentito dire dalle persone oggi, le stesse notti, forse a causa dell'eco che persiste anche a basso volume. Qualcuno ha trionfato, ma le paure rimangono numerose, chissà quanto possa essere immenso l'essere umano. La paura e l'invidia si ergono a grandezza tale che le altre afflizioni sono costrette a restare nell'ombra. Si tratta di viltà e malattie, sebbene al momento non destino grande interesse. Sono le persone, sono le malattie. Ciò che è contrario deve essere annientato o denunciato. Scusa se uno dei responsabili è un amico o un conoscente, ma è inevitabile. In caso contrario, il mondo si dissolverà insieme al male. Il resto si concretizza o ti viene presentato, scusa se il termine amico o conoscente è inadatto, ma è ciò che è. Altrimenti si dissolverà il mondo, insieme al male. Il resto sarà dove vorrai, anche se non sai dove. Ma è il tempo impiegato, e l'intervallo temporale tra le epoche che crea differenze nelle parole e nelle azioni che possiamo comprendere. A volte mi domando se qualcuno verrà qui mai.

Domani è una questione di pensieri che vanno oltre i limiti della comprensione. Chi sa cosa significasse, oppure quali idee più importanti si celino dietro, idee che non ho il tempo di elencarti ora. Nulla è normale, lascia perdere, è ormai troppo tardi per custodire il tuo segreto. Cos'hai visto oggi? Sarà già chi sei veramente, ma non posso dirti quanto si avvicini al vietato. Non possiamo più dare spazio a ciò che accadrà da domani in poi, ma cerchiamo un termine per questa brutta parola. Che cosa pensi sia accaduto a me? Sono ignominie, sai? È così che prosegue, in silenzio e senza parole. Il 1759 sembra essere la divisione degli umani per una vita più libera, priva di male, ma ora è quasi impossibile. Non si paga per questo o per quell'altro affare - azione qui. La sorpresa della luce durante il giorno collega i ricordi alla scienza e alla cultura, mentre enormi svastiche si impongono con il loro tabù, ma quale tabù? Questi sono mali, o meglio, le esigenze di associazioni, soprattutto legali o artistiche.

Tra passato e presente, le articolazioni iniziano a muoversi. Le brutte figure appartengono al passato, sai che certe cose si superano solo nel presente, mentre quelle malevoli... chissà cosa si volesse dire. Qualcuno parla, ma il mare è così vasto. Cosa stai pianificando per domani? Come decifri oggi, il martirio del giornalismo o una segnalazione dell'ufficio per le variabili X? Dovresti confrontare la situazione sociale mondiale di oggi con quella di ieri, poiché la fine del mondo è già avvenuta. Anche ciò che dovevi fare nelle prossime ore sarebbe stato già fatto, oppure siamo andati oltre, senza sforzo. Forse è stato un vuoto d'aria o un temporale, un terremoto o un'esplosione causata da forze elementari che hanno agito. Evita di portare il male a casa. Andy, lui o l'altro, più le parole finali sconosciute.

Osserva quanto fosse tragica questa realtà, in cui solo qualcuno aveva la capacità di parlare senza temere figuracce, quando gli occhi irradiavano una vera luce. Se solo potessi dirti addio al telefono, lo farei. Se solo potessi dirti basta, ti guarderei negli occhi. Il nostro amore, appena nato, è già giunto al termine. La potenza del condizionale è impressionante. Il giorno riprende la sua libertà, e una nazione si riempie di amicizie, arance e insoddisfazioni, tutto questo è solamente un commento sulla rapidità. Quanto resta sarà per sempre nostro, e non dobbiamo cercare di comprenderlo. Le parole non si confondono, è un fatto noto, ma a volte è difficile comprendere. Spesso c'è bisogno di essere al passo con le parole e i movimenti delle persone. Altrimenti, rimarremo indietro. Scegli una fiamma sincera, non fascista, per trovare la strada giusta, e le altre saranno poco interessanti. Ciò che hai perduto non merita di essere rimpianto. Le parole perdono significato, forse qualcuno stava bevendo un caffè. Tra l'indifferenza e il gas, in questo mondo di ricordi, i vivi sono simili all'aglio. Dì ciò che è vietato, o lascia perdere. Chi ha perso? La risposta è nell'altra stanza, e chiunque desideri vincere avrà tranquillità tra dieci minuti. Molte cose si ripetono, mentre altre non saranno mai replicate.

I ricordi sono giunti a casa nostra per ucciderci, ma questa è una verità mai pronunciata. Una persona ha condiviso una simile osservazione. Un altro "noi" emana un concetto da condividere o da confessare, forse a causa di una struttura peculiare che agisce solo nella nostra mente, disturbando il dialogo e generando una vuota incomunicabilità. Domani si annuncia come una catastrofe che richiede intervento, ma chi? Forse ci riuniremo per un'intera giornata, siamo la persona più importante tra quelle che conosciamo, e finisce sempre così, con altri che prendono il nostro posto. Il trucco sta nell'idea che esistiamo da qualche parte, basta. Credimi, se stai soffrendo, c'è qualcuno che ti capisce, oppure si tratta di un complotto maligno, un mistero o l'invidia o la realtà di un altro giorno, che è già trascorso. Ancora oggi si discute su dov'è l'errore, se dovremmo mangiare o essere divorati, poiché il bene prevale sul male.

Ogni cosa esiste, ma non necessariamente ora. È

importante non confonderla con l'oggi o il domani, ma chi è disposto a tacere? Tutto è eterno, da sempre. Troppo spesso tutto rimane invariato, a causa di una specie di eco persistente anche a volume basso. Forse qualcuno ha già vinto, ma le parole mutano poco. Tu hai già pianificato il tuo domani? Come interpreti l'oggi? Il martirio giornalistico o una segnalazione all'ufficio X? Dovresti collegare l'odierno prodotto sociale mondiale con quello del tuo quotidiano. La fine del mondo è già avvenuta, o forse c'è ancora tempo. È possibile che un flusso d'aria o una tempesta imminente abbiano causato tutto questo. Un terremoto o un'esplosione dovuti all'interazione tra elementi funzionanti. Il male non dovrebbe mai essere portato a casa. Andy, lui o l'altro, insieme alle ultime parole sconosciute.

Rifletti su quanto fosse tragica questa realtà, in cui solo pochi avevano il coraggio di parlare senza preoccuparsi delle conseguenze, quando gli occhi scintillavano di vera luce. Se potessi dire addio al telefono, lo farei. Se solo potessi dirti basta, ti guarderei dritto negli occhi. Il nostro amore appena nato è già finito. Quanto può essere potente un se. Il giorno si libera e un'intera nazione è ripiena di amici, arance e insoddisfazioni. Questo è solo un commento sulla velocità. Tutto ciò che rimane è e sarà per sempre nostro, senza bisogno di ulteriori conoscenze. Le parole possono confondere, ma spesso è difficile comprenderle. Spesso abbiamo bisogno di essere allineati con il tempo e le azioni degli altri. Altrimenti, rimarremo indietro. Scegli con attenzione una fiamma autentica, non fascista, per trovare la strada migliore, mentre le altre non saranno così interessanti. Non c'è bisogno di rimpiangere ciò che è stato perso. Le parole perdono significato, magari qualcuno stava bevendo un caffè. Tra l'indifferenza e il gas, in questo mondo di ricordi, i vivi sono come l'aglio. Pronuncia ciò che è vietato, oppure lascia stare. Chi ha perso? La risposta è altrove, e chiunque desideri vincere avrà tranquillità tra dieci minuti. Molte cose si ripetono, mentre altre non possono essere replicate, nemmeno nell'anticamera del cervello.

11. La Sinfonia dell'Esistenza

Le forme sfuggono alla percezione, si cela dietro il velo delle idee, una montagna di concetti nascosti, come un ladro nell'ombra. Barriere dell'età corporea pongono limiti alla nostra comprensione, ponendola in questione. Chi siamo veramente, al di là delle azioni che non intraprendiamo? L'esistenza si manifesta nella realtà, ma in quale vita ci riconosciamo? Sorge il dubbio se siamo vivi per tutte le cose che esistono, oggi o in un futuro, un mistero oltre il tabù.

L'arte dei bei disegni è ubiqua, mentre il Sole cresce

ogni giorno, portando con sé fame e luce. Qui, tutto è comprensibile, come l'eco di discorsi sommessi, un frammento del tuo sé in un dialogo burocratico. Il presente dipende dalla tua volontà, dalla tua comprensione o dalla tua esperienza passata, dalla paura o dalla distanza e dal disgusto.

Il tabù del silenzio regna nelle istituzioni, mentre la volgarità si mescola con il riscatto. Ricorda il calcolatore che fa i calcoli, la vita che si srotola senza tregua. Tra due momenti, solo i rifiuti rimangono, dai nuovi arrivati che colmano le lacune dell'ignoranza, al sapore della frutta fresca. Bella l'Italia o il resto del mondo, il confine sfuma, mentre cerchiamo di comprendere chi siamo in mezzo al fluire del tempo, tra passato e futuro. Quanto è osceno, impotente a latrare e richiedere. Forse oggi è vantaggioso denunciare chi dovrebbe prendersi cura di noi piuttosto che delle ragnatele. Abbi cura di non inciampare, sappi cosa ti circonda.

L'anarchia appare attraente, ma è difficile focalizzarsi su più di una cosa alla volta. La risoluzione di tutti gli orrori umani sembra irraggiungibile. Cosa ci riserva il futuro, cosa pensano o fanno coloro che osservano dalla riva? La luce della parola appartiene a una sfera che va oltre la nostra esperienza personale, e anche se concludiamo una frase, il giorno è lungo e le ore ancora molte. A volte ci smarriamo per non ritrovarci, alla ricerca di un linguaggio universale che non si occupi della miseria o di relazioni amorose. Ognuno lavora nel luogo da cui dice di provenire, ma nessuno sa chi sei veramente. Le persone si impegnano perché il vuoto non prenda il sopravvento, e questo è quanto.

Non possiamo avere tutto insieme, sembra un bene comune ma in realtà è un capitolo della cultura e della storia umana. Le atrocità degli esseri umani non possono essere risolte completamente, né evitate. Dev'esserci uno scopo, un piano, un obiettivo. Cosa accadrà, cosa pensano o fanno le persone sulla riva? La luce della parola non è solo la nostra esperienza personale. Una frase si conclude, ma il giorno prosegue. A volte ci smarriamo, in cerca di un linguaggio universale che non si concentri sulla miseria o sulle relazioni esistenti. Tutti lavorano nel luogo in cui affermano di essere, ma nessuno sa chi sei davvero. La gente si sforza di evitare il vuoto, ed è quanto basta.

Il futuro può sembrare oscuro, ma è lì che

dobbiamo dirigerci, anche se non abbiamo la mappa delle parole, tranne forse questa, che rappresenta il discorso che va dalle istituzioni alle persone. Eppure, tutte queste particolarità sono nate dal dolore. Siamo ora alla fine di questa persecuzione chiamata "denuncia giusta."

Anche oggi, il Sole crescerà fino all'ora di pranzo. Prego dal sentiero che porta al cancello, prosegui senza perseguitarti. Ci sono molte manifestazioni del male in ogni città e paese, tutte intrappolate nello stesso gioco. Non sempre è facile comprenderlo da lontano. Le leggi non cambiano, ma rimangono nascoste o vengono sfruttate. Non piangere, prosegui. Chi ha prenotato? Era solo noia, ma anche il luogo in cui inizi a credere in te stesso. Anche se ci trattano male, lascia stare. La solitudine può essere una benedizione, proteggendoti dalle minacce e dai pericoli.

La tua discussione è finita, ora continua a seguire il tuo cuore. Sei ancora nascosto, rispondi: chi ti ucciderà oggi? I maledetti e gli oggetti diversi non si colorano con il linguaggio comune. Non parleremo di morte in questi termini. Cerchiamo la pace, ma chi ne parla? Il ritorno di coloro che meritano di essere denunciati, parla con chi ti ha svelato le tue rovine. Il vero e il falso, il salato e il dolce, sono tutti diversi contenuti.

Dove hai lasciato il tempo passato, servirà la legge a dircelo. Cosa vediamo è ciò che esiste dove è possibile. Superiamo gli ostacoli, ghetti e altre persone che alla fine lavoreranno in un ufficio pubblico. Il rifiuto di coloro che erano noiosi è una sensazione che possiamo apprendere e accettare. Non cambiare le leggi, seppelliscile o utilizzale in modo appropriato. Non piangere, continuiamo. Chi si prenota? Era solo noia, ma era anche l'inizio di un nuovo modo di pensare, io ci sono, tu no, anche se ci hanno trattato male, lascia stare. In premio, più dell'ottanta per cento delle cose esistenti sono vietate, ma non utilizzate oggi. La solitudine può essere sia una sfida che una benedizione, in quanto protegge da minacce o attacchi. La tua conversazione è finita, ora continua a seguire il tuo cuore. Resti cancellato, rispondi: chi ti ucciderà oggi? Maledizioni e oggetti diversi non si adattano alla lingua comune. Non parleremo di morte in questi termini. Cerchiamo la pace, ma chi ne parla? Il ritorno di coloro che meritano di essere denunciati, parla con chi ti ha rivelato le trame sottili della verità. Ciò che era noia si è trasformato in una chiave per aprire porte nascoste della comprensione. Lasciamo che il passato riposi, mentre ci addentriamo nei territori inesplorati del presente.

Mentre il mondo intorno a noi cambia, non dimentichiamo che l'ottanta per cento delle possibilità rimane ancora inutilizzato. La solitudine, spesso temuta, si trasforma in un rifugio sicuro, difendendoci da minacce esterne. La tua voce, ora, è il timone della tua esistenza. Rispondi a chi chiede chi ti ucciderà oggi con la determinazione di chi sceglie di vivere.

Le maledizioni e gli oggetti proibiti si sciolgono nel linguaggio universale della comprensione. In questo contesto, evitiamo di parlare della morte come una fine, ma piuttosto come un nuovo inizio. Cerchiamo la pace non solo come concetto astratto, ma come una realtà tangibile nelle nostre vite quotidiane.

Il ritorno di coloro che meritano denuncia è un richiamo a riconsiderare le azioni passate e a costruire un futuro migliore. Conversiamo con chi ci ha svelato i segreti più profondi dell'esistenza, poiché è attraverso queste connessioni che troviamo significato.

Dunque, oltrepassiamo i confini della noia e della banalità. Affrontiamo il presente con la consapevolezza che ogni passo è un'opportunità di crescita e cambiamento. La vita è un intricato tessuto di relazioni e possibilità, e ogni parola che pronunciamo contribuisce a intessere la trama della nostra esistenza. Continuiamo a seguire il filo della consapevolezza e della verità, sapendo che ogni momento è un'occasione per un nuovo inizio.

12. Alla Ricerca del Significato

L'immaginazione sospira come un sussurro nell'etere, mentre le verità fondamentali, talvolta, si dissolvono, svanendo come nebbia fugace. Le tue inquietudini rimangono impresse nell'abisso dell'ignoto, circondate da un silenzio che amplifica gli enigmi, creando una vastità di incertezza duratura. Un'interrogazione errante si insinua nel discorso, trasportando messaggi che rivelano un orizzonte incolmabile, dal quale non è possibile fuggire. La domanda su con chi stai dialogando rimane sospesa nell'etere. Un nuovo giorno germoglia oltre il muro di parole, ma cosa accadde nell'aereo? Plausi per coloro che indagano in queste sfere.

Il confine tra soggettività ed ignoranza sfuma, mentre ci interroghiamo sull'oggettività che potrebbe unire le individualità complete. Forse dovremmo permettere loro di esistere, poiché le connessioni sono molteplici. Se parli con me e poi con un altro, sembra che lo spazio si espanda, ma nel mondo persiste un dilemma millenario. Forse sei impegnata con la minaccia imminente del destino terreno o eviti il dialogo con l'altro, il quale in realtà è destinato a comunicare. Questi interrogativi affondano le loro radici nei secoli, come l'icona del Crocifisso.

Scrivi, prima che l'inchiostro si esaurisce. Il mondo e le sue sfumature non dovrebbero infliggere tanto male. Si muterà come una febbre, mentre le stesse figure risponderanno per il proprio destino e per gli altri, nel nome del bene, delle narrazioni predilette, delle lotte e delle guerre, interne ed esterne. L'evoluzione verso il domani appare talvolta superflua, con un'apparente comprensione di ogni parte coinvolta. Alcuni potrebbero avvertire un'atmosfera di dissonanza o riconoscersi come coloro destinati a confrontarsi con l'inesorabilità del destino, ma è preferibile non toccare quest'argomento.

Un esempio di attenzione richiede ponderazione: il "vietato" cela l'oscurità del male, che aspira a diventare il male stesso. L'ora del pranzo si avvicina. La vita non è morta, nonostante la confusione in questo dicembre.

L'insaziabilità, la resistenza, cosa scorre nei vasi sanguigni degli uomini d'oggi? Quel luogo non dovrebbe esistere, poiché potrebbe annullare la prospettiva dell'esistenza. Lavoro, casa, cosa pensano gli altri di te? Diventiamo macchine e sveglie in modi che non possiamo afferrare appieno. Se solo potessimo riacquistare noi stessi domani, scopriremmo quanto diversa fosse la realtà, quanti fraintendimenti abbiano influenzato le nostre decisioni. Il lavoro diviene la routine quotidiana.

Dimmi, qual è il significato? Il rumore mentre cerchi sollievo per la schiena, sei più forte di me? Le persone sveglie non si sono ancora spente. Parla ora, non ho ancora pronunciato una parola. La giornata di ieri era un enigma oscuro e imperscrutabile. Incidila su un foglio, apponi la tua firma: il passato e il domani si fondono.

Ricorda la gomma da masticare: sfregala sulla fronte. Nessun bene è estinto, solo la sua epigrafe attesta la sua esistenza. L'ombra si cela nella luce, un oggetto che preferiremmo ignorare o scartare. Osservalo procedere per la strada senza di te, attraverso i secoli, secoli e secoli. Hai compreso, indubbiamente hai compreso. Un giorno hai vinto come se fosse un premio della sorte. Un nuovo tema inizia, ben ritornato Sole. Continua a esprimerti, perché stai sorridendo? Possiedi già ciò che desideri. Rimani in attesa e tieni conto di ciò che trovi, anche se il fondo rimane celato. Tuttavia, tu conosci il tuo scopo, ciò che hai fatto o farai prima di incontrarci. Potrebbe essere tutto senza significato, ma ora è il tuo turno; il potere è un gioco tra quei giovani. Saluti, di certo riscontri difficoltà nel distendere il corpo. Sarà lui ad essere stretto. La fine del mondo, la tua fine, non è ancora giunta. Una finestra di opportunità si espande fino a diventare l'intero universo che avevi desiderato. Tutto è in continuo divenire, e forse tu rappresenti il più enigmatico dei quesiti, do, re, mi, la. Osserva quanto il Sole splendesse alto, in modo da poter percepire quanto le tue giornate saranno basse. Attendi, attendi... ed è giunto alla fine.

13. Il Mistero della Vita

Caro archivio segreto, venerato custode dell'anima, sono in un luogo dove il destino non ha ancora compiuto il suo cammino. Comincia dopo un momento di riflessione, mentre le altre parole attendono pazienti di essere incise su un'altra pagina, forse nel tomo posato sul tavolo. Pronuncia una parola, e il tutto è già concluso. Forse i saggi predecessori non indulgevano in facili parole per esprimere le stesse verità necessarie oggi, nel loro desiderio di preservare l'integrità e sventare la distruzione della falsità. Coloro che dovevano intraprendere questo cammino, alla soglia del decennio zero dieci, non l'hanno fatto, apparendo innocui e inerti. Hanno tralasciato il compito di comunicare le sfide imminenti, e la complessità del loro compito era incommensurabile, condotta al di fuori del tempo, tra le insidie di numerosi errori.

L'essenza umana si manifesta o ci sovrasta, ehm, lo conosci il signor Denuncia o il trionfo della fine del silenzio. Chi non si illumina, cerca una fonte di guadagno regolare e si rende conto delle molte mancanze, persino nell'abbondanza delle risorse, o nel contemplare il nostro spirito trasformato da una presenza diversa. Quasi un moderno fascismo fittizio, un gioco quasi infantile, un'arte dell'oblio o della commemorazione. Scrivilo sopra quel trattato e prosegui il tuo viaggio mentre scendi verso la tua destinazione o, la Mecca.

Questo presente rappresenta ciò che potevi solo presagire, ma la fine è la signora che predilige la tua compagnia. Rimani calmo, poiché nessuno possiede la conoscenza, una conseguenza del passare del tempo o, del suo noto lato oscuro. Gli altri non sono falsi, sono diversi, tu cosa aspettavi, chi dovevi essere, o chi dovevi diventare sarà costruito da altri, mentre tu rimani te stesso, senza compagni. Qui, nessuno conosce nulla, tranne il battito del tuo cuore.

Quanto profondo è il tormento che dilania, quanto giusta è la legge, e nelle ore notturne non fidarti dell'azione che segue la mossa. Cosa hai osservato con precisione? Chi ti ha offerto il suo consiglio? Non è accaduto come ti aspettavi, né per te né per gli altri. Ti posso assicurare che il futuro non è stato stravolto, né migliorato, ma è rimasto invariato. Non era una singola entità; d'altro canto, come puoi notare, c'è un coltello piantato nella tua schiena, un segreto ben custodito, mentre nessuno accenna a una rivelazione o, a un telefono spento. Il futuro sapeva già dell'inevitabile digestione, un cuore da film televisivo, e come ogni tentativo di tentare il lato oscuro si traduce in un passo indietro, una rinuncia che forse non volevi considerare. Nell'epoca attuale, è necessario fare attenzione alle tue interazioni. La nostra vera natura diventa cristallina, operando unicamente nella sfera verbale, anche quando il silenzio impera. Tormentati da mondi sconosciuti, mentre le risorse rimangono inutilizzate, sentirai discutere di questi aspetti in luoghi pubblici, mentre amplificano... Ora vado a prendere un altro caffè, un'altra conferma, e concediti una pausa.

La comunicazione si è dileguata, forse desideri una narrazione o un evento che possa chiarire il corso dei fatti all'inizio di quest'anno, ma le esagerazioni sono ora rivelazioni, lacerazioni diventano dichiarazioni, espansioni che si manifestano come scissione tra il pensiero e la realtà, in direzioni mai sospettate. Senza dubbio, gli anni novanta, ottanta, settanta e sessanta sono ormai un ricordo, mentre rivoluzioni apparentemente inevitabili vengono finanziate attraverso il servizio statale, nonché l'inizio di un nuovo anno che in realtà segna la morte, invece di un nuovo inizio. Non sembra la rivolta del tuo essere, guarda questi problemi che si sono insinuati nella tua vita, pensa a quanto sia difficile comprendere quell'orrenda confusione, quel tumulto che ci scuote. Non immergerti nei rimpianti per gli errori che hanno privato di vita, proprio sotto le mura di casa o dietro l'angolo della strada.

Il cittadino prediletto appare come l'unto sul fuoco, forse ti aspettavi una narrazione chiara degli eventi, o della loro intenzione. Rilassati, sciogli il tuo spirito, poiché l'aria sta bruciando o il problema irrisolto che avvolge il tuo errore imminente. Cosa ti appassiona? Qual è la cura per l'assenza? Non sei più te stesso, il mondo ti ha superato, spiegami, perché nessuno ha ancora affrontato l'enigma risolto nei documenti del mondo e delle persone, dai più grandi ai più piccoli, i problemi rimangono costanti. Capirai che nessuno è giunto a una soluzione, e siamo soli, niente altro.

Hai sentito dire che alcuni documenti personali sono stati modificati, inserendo prodotti incompatibili nei punti giusti, ascolta, l'aria è il più potente degli strumenti percettivi, e chi muore è il pesce. I tuoi problemi sono di natura statale, non personali, il passato non può essere cancellato, ricordati sempre di ciò che stavi facendo ora e di chi sei. Quel che poteva accadere è già avvenuto, e il resto della vita è descritto nell'oggi.

Sono esausto, vorresti arrestarmi? Non ingerire nulla, non fare domande sui tuoi contatti... non preoccuparti di nulla, la vita sarà sempre migliore. Al rogo, poiché sono vivo, brucia in ritardo, e il nostro ritmo ci rende solitari, non cedere alla pazzia se riesci a evitarla, guarda quanti ostacoli. Le limitazioni quotidiane scompaiono con il potente liquore, gli errori del passato sono chiari ma immutabili, siamo noi che oggi avremmo potuto sprofondare. Errori di un anno, errori di una nazione che non presta attenzione all'altra.

Addio, anno zero dieci, cerca di progredire verso il bene, la bontà. I fiori dipendono dalla specie e dal colore, osserva se ci sono parassiti sulle foglie o tra i rami, e poi, dove sei? Quanti ostacoli incontra il nostro cammino nel 2010... prova a proseguire verso la virtù in questo stato di semi-sveglianza persistente, un'entità presente e autentica. I tuoi affari sono tuoi, non dire più nulla. Sembra ancora un sabato, ma la decisione tra essere donna o uomo sembra non essere stata presa. È una funzione generale che va oltre i confini della casa, ma come vedi, non sei davvero presente. Forse puoi chiedere, ma ci sono molte cose che non possono essere conosciute, poiché non è rispettoso cercare di conoscere gli altri. "Educato" è una brutta parola, è meglio dormire mentre sei sveglio, almeno in questo modo potrai capire.

Sirene e cristalli sfavillanti, riflessi onirici del tuo esistere, ciò di cui non dovremmo parlare con lo zucchero oggi, poiché siamo sotto sorveglianza. Qualcuno deve sapere, ma il meccanismo del funzionamento non verrà svelato, le donne sono soddisfatte dell'insabbiamento! Meglio perdersi, camuffarsi, forse non è necessario parlare dell'odio nella città... in un momento come questo, non sembra una guerra che percorre l'Italia da tempi immemorabili, e ora entra in casa, un albero desideroso di restare, hai sempre dei fiori per quei giovani che desiderano bere. Un altro rigo, un altro quesito, solo che il pullman sarà già passato e io sarò già andato via... fai il bene come meglio credi, dov'è quella meravigliosa storia, tante sono le persone in tutto il mondo, ma bastano poche parole per trasmettere il significato, vedi cosa volevano e chi... Un altro rigo, e nemmeno tu sarai presente, così si passa dalle spiegazioni scolastiche alla vecchiaia.

14. La Bellezza dell'Umanità

Ritorno le parole al loro stato originale, ripetendo e sperimentando una vertigine concettuale... La soluzione in questa alba di giornata sembrava irraggiungibile, poiché l'atto di apportare le tue migliorie rimaneva fuori portata dal momento del risveglio. Che cosa è accaduto nell'anno precedente? Lo Stato che si intravedeva non era davvero una parte di te, e i problemi attuali non erano gli stessi di allora. Ecco, giunge un dilemma: essere sé stessi o essere una mera entità su un documento di identità. Ebbene, anche se non ero sicuramente il tuo cantante preferito.

In questo luogo opera il tuo sogno, anche nella settimana a venire, ma lo Stato di oggi sembra sfuggire alla comprensione. Dove si nasconde il sogno, ehm? E qual è la realtà? Addentrati in questo mondo sporco e infame, con che speranze di realizzazione o, se lo desideri, estirpazione. Desideri un futuro? Ma ti sei dileguato! Che cosa è accaduto oggi? Come si fa a non dire due volte le stesse cose?

Intorno a noi si svolgono questioni di grande portata. Osserva le persone che ti circondano, rifletti sulle tue azioni e, forse, su ciò che hai potuto fare. Il mondo sembra vasto, dominato dal denaro. Sono questi i tuoi errori, non farti scindere in due metà, perché sai chi sono. Un coltello affilato che taglia, sia di giorno che di notte, appare davanti a noi e ci suggerisce: "Noi non ci conosciamo, ma tu dovresti essere me". Ti sei fermato per contemplare il dolore, uno dei beni che oggi non dovremmo possedere. Oh Stato, chi rappresenta la tua identità? Qualcuno azzarda a dichiarare ciò che realmente volevi ma che non hai ottenuto. Il vuoto diventa una forza attrattiva... Saranno idee del passato o sciocchezze, ma noi non siamo colatori di pasta, va tutto bene, okay, a presto.

Non affermare di aver commesso errori, non hai segnalato un male. Ma chi lo sa quando i problemi sono addosso, ah, ah, risata odierna, cosa vivi, ehm? Vivi. Queste sono le cose che siamo stati, cosa è meglio per te, e tu non sei più presente: quando è diventato bello tutto questo? Che Bene? Continua il cammino, poiché sembra che tutto vada male, il futuro sembra essere uno sparo, e i tuoi amici e le tue amiche ancora ardo. Da quando i tuoi amici si infiammano, il mondo sembra avvolto da un'auto-combustione... Chi sa dove hanno trovato tutto questo fuoco nella vita. Usare l'acqua per i tuoi vestiti non è appropriato, e queste camere, apparentemente stanze bilocali, sembrano essere tombe in casa.

Di cosa hai paura, del futuro? Non sei mai stato nel futuro. Chi ha perso? La risposta è il nulla. Il segreto del mondo prosegue silenziosamente nel male, se desideri ulteriori spiegazioni semplici, chiama più tardi, magari a Pasqua o l'estate successiva. Se così si continua, nessuno parla, non si profetizza alcun bene, ma nota che nessuno dorma. Il problema consiste nel numero di spiegazioni di cui hai bisogno oggi, nel gergo di chi siamo... sono gli altri, o meglio, pensa a quante ne vorrai domani, forse hai perso la pazienza e non vuoi più.

Il volere scaturisce dallo stomaco, si dice come Carmelo Bene, che era un maestro nell'arte del sarcasmo. L'informazione si trasmette attraverso un quadrato collegato al cervello per creare un nuovo domani, un futuro costantemente vivo, simile a noi. Quando scruti un pannello pubblicitario e ci credi, una luce naturale crea un nuovo giorno, la fame o altro. Qui ci auto-dichiariamo mentre viviamo e soffriamo di gloria e pace invece di cadere nelle brame più oscure. Un po' più avanti, sarà frutto di un decennio fa, ma non mi hanno ancora compreso... A stento, con numerosi sforzi, riesci a dichiarare la verità italiana a stomaco vuoto, guardando il tuo amico, sembra sia fuggito, ma in realtà è scappato dal suo illustre collega, collaboratore o da un caro funzionario statale. Immagino che domani prenderanno un altro di noi per fare il Bene, forse i nostri ex amici, che evidentemente utilizzano una quantità eccessiva di dentifricio.

Dopo numerosi scorrimenti temporali, si giunge al punto desiderato. La pubblicità è il vero intruso, mentre alcuni ancora persistono con atti di irriverenza e azione. Ascolta, è necessario parlare con la bocca, anche su come ci interessiamo nel regno dei morti, nella vita o nella politica predominante. Guarda questi umani ciechi o i seguaci di una crema particolare. La scienza ti appartiene, ma è regolata dal governo, e la legge sembra essere in errore innumerevoli volte. Qui puoi dire quel che vuoi, ma non sai nemmeno dove ti trovi. Ci sono troppi Sigmund Freud, una vasta gamma di problemi, preoccupazioni scoperte, ma tu non sei infetto, non rispondi, impressioni il male di oggi, e quante cose non hai costruito l'anno scorso mentre affrontavi altre sfide.

"Chi pensavi, non ci fossero altre questioni da affrontare oggi."

Ricordati del tuo passato, superalo, lascia andare le suggestioni negative insieme a tutte quelle cose che non ti appartengono. Saluta pure il signor denuncia, il capo e il figlio. Se hai delle incognite, affrontale dopo essere incappato in una colpa, quindi vedrai l'amico calabrese, tipico come un fico, con il suo odore caratteristico e il riconoscimento del 2004: "Scusa, non lo volevo, ciao ragazzi."

E ora, ecco il nord, il suo colore particolare, celeste. Pensa al futuro, ma il bene rimane fuori dalla portata della comprensione. Si credeva che non mangiassimo lo zabaione e la zuppa inglese, che, va da sé, sono deliziose. Ma non saranno di lui o di lei... Deve arrivare un'altra entità, che non sono io, forse anche tu, o qualcun altro, e ancora altri si trovano su quel lato della cristalliera. Devo alzarmi, gli obblighi al di fuori della mia stanza sono ancora numerosi. La macelleria, la merceria, sembrano già tutto ciò che è accaduto alle persone del mondo. Vuoi uscire a dare un'occhiata a come continua, come procede? La legge governa la tua assenza, e solo una parte di te dovrebbe essere rivelata in seguito, ma non posso parlarti per dirti quale sarà il tuo taglio preferito, o i lavori pessimi e indegni già compiuti. Sei tu che avanzerai, la pressione, eccetera... oh, che miseria e falsità, siamo singoli, uno alla volta. Lode a coloro che, distraendosi, hanno superato il male. E cos'è questa parola, il male? Difficile è l'eco al di fuori delle nostre case, delle realtà che non ci appartengono e che reclamano la libertà di scorrere, qualche fastidioso che ci ricorda le occasioni in cui ci siamo divisi dall'essenza del gusto.

L'adrenalina preferita è la voce oscura che sussurra: "Ferma, rischi di morire." Potrebbe trattarsi di sottili questioni di cui non comprendiamo la necessità, anche se ora fuggi e ti immergi in sensazioni sempre più strane, arrivi solo sopra l'orecchio, sulla mano, sul petto, sulla gamba, o su entrambe le gambe, perché non ti hanno davvero compreso! Avanti, non guardare indietro, lo vedrai dietro di te, perché il carcere è solo una questione di desiderio. Non c'è nulla a cui aspirare oltre, salta, lascia il buco in cui ti trovi, vai verso il prossimo. Una soluzione per la nostra piccola vita, aperta a molte soluzioni, ma alla fine ce n'è solo una, come la strada che ti porta dove desideri. Ma qui siamo tutti alienati dalla società, annegati nel caffè. Alcuni potrebbero essere accanto a te, ma cosa importa? La funzione è al di fuori del passato e ora sono i problemi. Che cosa ci riserva davvero... sembrano essere un edificio o un cimitero.

Oggi, ridi di nuovo, fine del discorso. Il nostro prodotto si ripresenta, tutto ciò che esiste è reale, un prodotto che si adatta a ogni esigenza. Quante sono le inutilità e le perdite di tempo, non è vero? Fondamentalmente, siamo noi i nostri peggiori nemici. Quella sarà la tua parte, sembrerà inutile... Era bello fino a quando hai permesso a qualcun altro di intromettersi e rovinarlo, o è successo qualcosa che non riesci a comprendere. Chi è l'intruso, quale era la tua nazionalità, dopo tutto? Qualcosa ti attanaglia il male, che viva il Sole... due parole sul tuo amico vuoto e gonfiato d'aria: "Prego, buon pomeriggio." Ma sembra che la vita si spenga ogni notte, parole che sembrano sempre mancanti, mah, il problema era ciò che dovevi fare oggi, e qualcun altro non ha fatto.

15. L'Infinito Territorio dell'Esperienza

Un individuo si offre come specchio dell'incomprensibile, arduo è discernere la fallacia di un falso fascista, o penetrare il vuoto assoluto, l'incapacità di credere. Suggerisco vivamente di rinnegare l'approccio precedentemente adottato nell'esposizione delle medesime idee. Fino all'anno appena trascorso, la mia condotta ha mantenuto un carattere costante, la mia tradizione tabagistica intatta, mentre la nozione di proprietà è stata estesa a un concetto più ampio, abbracciando gli oggetti come entità soggette a valutazione. Il deterioramento del classico rappresenta un'incongruenza da scongiurare, poiché persiste nell'odierna espressione, sottolineando come qualsiasi elemento possa divenire oggetto di indagine e discorso, persino una persona reale può essere considerata un articolo.

Oggi, le parole svolgono un ruolo cruciale nella concretizzazione e nell'analisi degli oggetti in tutta la loro estensione. Il male, tuttavia, è già stato superato, e pertanto è opportuno estendere le braccia e liberare l'aria circostante, poiché ora soltanto il fondo parlerà. Studiamo attentamente la morte del classico in concomitanza con la stoltezza, al fine di abbracciare appieno la realtà attuale. Possiamo considerare gli acconciatori come amici degni di lode, che trionfano in maniera straordinaria e meritoria. Il male confessa la sua natura oscura e aspira a essere trasmesso attraverso il mezzo televisivo in futuro, trasformando un giorno della sua vita in un segreto custodito.

Nell'analisi del contenuto, il packaging e la qualità degli oggetti acquistati, intravvediamo la nostra vera essenza, e possiamo comprendere meglio chi eravamo quando ci intersecavamo con il male. L'essenza di una persona può essere trascurata sui documenti pubblici, mentre il mondo appare disabitato e freddo piuttosto che impoverito. La verità è annunciata da coloro che possiedono la giusta prospettiva, e le paure, se concrete, rappresentano reati punibili secondo le leggi italiane.

I cibi classici possono essere strumenti sorprendenti per riempire le invenzioni più eccentriche, capaci di incarnare la felicità e altre nozioni classiche. Ogni parola pronunciata riflette onestamente l'entità cui essa si riferisce, contribuendo a una comprensione più approfondita delle realtà attuali. Quale motivo spinge alcune persone a denunciare il male, causando sfratti e manifesti, mentre la miseria minaccia di annientare? Dovremmo approfondire il nostro studio della vita, sondando l'interesse e la mancanza di logica sia nella nostra esperienza personale che in quella altrui. La miseria sembra un'entità che accomuna tutti e ci costringe a condividere una visione distorta di una realtà comune.

Essere sordi è spesso legato a ciò che non percepiamo, alle vite degli altri e agli errori che possono insinuarsi nei nostri discorsi e nelle nostre azioni. Il male nasce da abitudini autoinflitte, trascinandoci in uno stato d'arresto in cui gli amici affermano che eravamo liberi già da tempo. Gli interrogativi riguardo al carcere persistono nel mondo, e le persone sembrano sparite, come se ciò fosse desiderato da qualcuno.

La definizione dell'identità e la comprensione delle relazioni umane sono cruciali per il nostro benessere. Tuttavia, le incertezze concernenti la nostra identità si manifestano nel presente che stiamo vivendo. È fondamentale essere consapevoli di chi parla e cosa desidera comunicare. Abitiamo un mondo che sembra ostile, ma è solo il nostro riflesso ad essere distorto. La negazione è una scelta che ci permette di non affrontare le questioni che ci circondano. Il tempo scorre, ma le memorie rimangono salde nel nostro ricordo, e coloro che non riescono a comunicare rimangono relegati in un mondo a parte.

Lo studio della vita richiede un approccio attento alla percezione degli interessi personali e alla comunicazione interrotta, alla mancanza, alla miseria e al decadimento. Dobbiamo analizzare cosa spinga le persone a denunciare il male, riflettendo sui reati che possono insinuarsi nei nostri discorsi e nelle nostre azioni. La verità è ciò che ci libera dalle catene dell'ignoranza, portandoci verso soluzioni corrette. Ogni parola deve essere considerata attentamente in relazione all'entità cui essa si riferisce.

Ogni individuo vive una serie di giorni e di esperienze che contribuiscono alla formazione della sua identità. È fondamentale comprendere che il vuoto non rappresenta una via valida per affrontare la vita. Dobbiamo prestare attenzione a chi ci rivolge la parola e riconoscere che ognuno di noi è responsabile della sua esistenza. La persona reale esiste al di là dei dettami del documento pubblico, ma il mondo appare spopolato e freddo, anziché impoverito. La verità è annunciata da coloro che posseggono la giusta prospettiva, mentre le paure, se concrete, rappresentano reati punibili secondo le leggi italiane.

L'analisi dei cibi classici rivela il loro potenziale per ispirare invenzioni sorprendenti che possono evocare la felicità e altri concetti classici. Ogni parola pronunciata riflette onestamente l'entità cui essa si riferisce, contribuendo a una comprensione più approfondita delle realtà attuali. Perché alcune persone denunciano il male, causando sfratti e manifesti, mentre la miseria minaccia di annientare? Dovremmo approfondire il nostro studio della vita, sondando l'interesse e la mancanza di logica sia nella nostra esperienza personale che in quella altrui. La miseria sembra un'entità che accomuna tutti e ci costringe a condividere una visione distorta di una realtà comune.

Essere sordi è spesso legato a ciò che non percepiamo, alle vite degli altri e agli errori che possono insinuarsi nei nostri discorsi e nelle nostre azioni. Il male nasce da abitudini autoinflitte, trascinandoci in uno stato d'arresto in cui gli amici affermano che eravamo liberi già da tempo. Gli interrogativi riguardo al carcere persistono nel mondo, e le persone sembrano sparite, come se ciò fosse desiderato da qualcuno.

La definizione dell'identità e la comprensione delle relazioni umane sono cruciali per il nostro benessere. Tuttavia, le incertezze concernenti la nostra identità si manifestano nel presente che stiamo vivendo. È fondamentale essere consapevoli di chi parla e cosa desidera comunicare. Abitiamo un mondo che sembra ostile, ma è solo il nostro riflesso ad essere distorto. La negazione è una scelta che ci permette di non affrontare le questioni che ci circondano. Il tempo scorre, ma le memorie rimangono salde nel nostro ricordo, e coloro che non riescono a comunicare rimangono relegati in un mondo a parte.

Lo studio della vita richiede un approccio attento alla percezione degli interessi personali e alla comunicazione interrotta, alla mancanza, alla miseria e al decadimento. Dobbiamo analizzare cosa spinga le persone a denunciare il male, riflettendo sui reati che possono insinuarsi nei nostri discorsi e nelle nostre azioni. La verità è ciò che ci libera dalle catene dell'ignoranza, portandoci verso soluzioni corrette. Ogni parola deve essere considerata attentamente in relazione all'entità cui essa si riferisce.

16. La Forza dell'Interrogativo

L'essenza delle nostre realtà complesse si manifesta nella quadrifonia, una bellezza intrinseca in cui il futuro si cela come un enigma. Le parole pronunciate sono un mistero, le intenzioni di chi le esprime rimangono oscure. Attraverso il discorso, emergiamo dalla confusione e danziamo tra il divertimento e la noia nella nostra amata nazione. La qualità della vita, la tua resilienza, la tua essenza riflettono la tua espressione unica. Dove ci troviamo adesso? Cosa avremo creato due ore più tardi, in virtù delle realtà oggettive che abbiamo forgiato? Le cose che ci hanno influenzato e le persone importanti hanno plasmato la nostra esistenza.

Se il tuo compagno è l'incarnazione del male, le tue prospettive si offuscano, e il bene muore come un incendio devastante nella vasta foresta amazzonica. È un viaggio che ci conduce in un sogno o in una fantasia, un mondo in cui il male si confonde con la disfunzione artificiale-organica o con la tua sfera vitale. Gli amici che non ci hanno compreso o non hanno chiara la loro identità rappresentano il nostro passato remoto. Le nostre vite di cinque anni fa hanno lasciato un'impronta.

Il tuo "chi" è enigmatico, non è un ladro di idee, ma potrebbe avere problemi con la legge. In questo mondo contemporaneo, le parole sono strumenti di persuasione, indirizzate al prossimo. Dobbiamo navigare con attenzione e stare alla larga dai falsi fascisti ultramoderni.

Siamo ancora vivi, influenzati dal sole e dal tempo, ma falsificati, traditi e ingannati in abbondanza. Chi emergerà alla fine? Il tuo miglior amico può diventare il tuo primo traditore, e forse ci siamo persi nel flusso dell'aria o del tempo. Chi parlerà alle otto di domenica mattina? La romanità imperiale è condotta in modo sciocco da alcune cerchie clerico-fasciste. I parassiti, problema attuale, si affacciano al nostro lunedì, gettando l'ombra del mercoledì e del venerdì. L'assenza di comunicazione dopo tutto è sintomo di un tentativo di manipolare la nostra psiche contro Bill Gates.

Ogni essere, per quanto piccolo, porta con sé i potenziali della vita, sia positivi che negativi. Non si tratta dell'aria o del gas di un campo di concentramento, ma di un riferimento al nostro stato assente di cittadini, coesistenti in un contesto contemporaneo. La tua realtà si riflette nel tuo volto e nella tua vita quotidiana, che sembra essersi arenata in un punto impenetrabile. Le opere valgono più dei fatti, e oggi hai molto da fare, ma sei davvero un essere vivente o una forza oscura? La tua vita sembra una natura morta, una pianta con pochi germogli ai rami. La tua realtà è costante, presente e attende paziente. Le persone vivono o muoiono in uno stato di offesa e maltrattamento. Non vediamo l'ora che tu torni e ci spieghi cosa sta accadendo oggi.

La verità è che nessuno può sparire, nemmeno quando moriamo. Le opere che sono state create oggi saranno la storia di domani. I falsi non sopravviveranno, perché tu sei diverso, ma cosa cercavano di diventare dieci minuti fa? Prosegui pure il tuo cammino, è il giorno delle torte, un tema amabile che ci augura buon appetito. Hai ancora fame alle dieci del mattino, come le cose che soddisfano gli italiani, i nazionali, i giapponesi e i tedeschi, come i torroni in occasione di San Giuseppe.

Siamo offesi da ciò che è alle spalle o ciò che persiste nell'aria. Il mondo sembra immobile, come se avesse già visto tutto o come se non fosse conforme agli standard. Ti sei smarrito? Cosa speravi di trovare in queste persone che giacciono nella loro sonnolenza? I tuoi consigli e le tue denunce sono interpretati in modo diverso, un'usanza comune al nostro Comune. Il silenzio talvolta è un ostacolo, quando non pronunciamo ciò che dovremmo. Gli affronti e i maltrattamenti persistono, c'è sempre bisogno... ma dove vorresti trovare la risposta? Non era nell'altra stanza o in qualche altro luogo. Siamo esseri unici, ma forse l'informazione resta fondamentale, parte integrante della tua cultura principale. Per me, l'aria serena di chi adotta il comportamento delle altre persone, vive o morte. Le opere superano i fatti, e oggi è una giornata impegnativa. Da un certo punto di vista, sei un essere vivente, ma da un altro, un mondo perverso. Una natura morta, con pochi germogli ai rami. La tua realtà è costante, attende paziente, si riflette nella tua esistenza. Siamo spettatori dell'ignoranza che inizia una rivoluzione, chi saranno tutti questi carnefici? Passa loro gli attrezzi, perché chiunque non esiste? Chi non ha gli strumenti? Le persone spesso pensano a ciò che verrà dopo, a ciò che c'è oltre. Ma oltre è un negozio della mamma. Sarà complicato trovare te stesso in un mondo vasto, ma dichiara la verità, hai vissuto nella tua nazione. La settimana è finita oggi, ma per capire meglio, guarda te stesso. La terra deve essere distante dalla faccia, non tanto lontana quanto nascosta. Il tuo passato è una cosa remota, ma il trapassato vive nelle tue memorie. La tua vita di oltre cinque anni fa ha lasciato un'orma profonda.

17. L'Inestinguibile Fonte di Meraviglia

Misteriosa è la volontà di quell'impersonale burocrate, che ha scoperto di essere il nostro vicino, o forse uno tra mille. Insieme, condividiamo i medesimi problemi, poiché siamo tutti uguali dinanzi alla legge. Oh, caro "gin gin Can" ancora incerto, stai cercando di raggiungere il punto in cui gli altri già sapevano esserci. Quei mitragliatori che temevamo tanto, in realtà, non erano così terrificanti. Un essere umano può avanzare, anche con la sua auto, ma quando scende, tutti lo sanno. La nostra denuncia o forse gli amici ci hanno confinato in questa abitazione, ora segui la freccia, che sembra condurci verso qualcosa di peggiore rispetto al passato. Era maggio, ma è meglio ancora in piena estate, il caldo ci rassicura ogni anno, mentre i conti continuano a opprimerci quando non tornano. Qui si interrompe la frase, ma dov'è andato a finire il tuo onore? Non l'hai perso, guarda invece quanto è vicino a te il grande, reale e solido. Ci si trova meglio in una felicità completa, hai qualcosa da dire o, piuttosto, da obiettare, in modo che una piccola soddisfazione non diventi un problema di mancanza, di presenza costante, di contemporaneità sostituita da un presente in costante mutamento. Fai una pausa, poiché la vita sarà sempre più breve delle nostre infinite e finite aspettative. Qualcuno è dietro di te, quindi non ti fermare, ah, ah, ehm. Non preoccuparti, sembra o sembra, ma accelera il passo un po'. Un altro caffè? Ho già fatto una buona colazione, ora accendo una sigaretta e proseguo nella giornata.

Non sempre è necessario esprimere le stesse idee. Per quanto riguarda il valore personale applicato al linguaggio, esso è un riflesso della società. Durante la giornata, una realtà emerge come il tuo sogno preferito nel telefono. Quante sono le cose che non vengono dette durante la settimana? Ti auguro una buona continuazione nel tuo percorso, nel tuo segreto, nella proiezione del Sole verso di te.

L'Italia e il mondo attuali non sono completamente liberi. Troviamo falsificatori di sé stessi e prigionieri in libertà, in grande quantità. Tu, che non devi conoscere nulla, ti sfili per il resto della vita. E ti lasciano con un bel buffone in un angolo. Cresceremo, il tempo persiste tra le rovine, non nelle distrazioni, finché raggiungiamo la luminosa gloria del Sole durante il giorno. Resteremo soli là dove siamo finiti questa sera. Conosco il luogo della perdizione, per non dire altro. L'anima non ti riconosce nemmeno, cosa ti è accaduto? E nessuno sembra voler parlare con te, nel senso più generale del termine. Il silenzio avvolge un deserto misero e amareggiante, proprio come i soldi che guadagneremo senza alcun senso di ora in ora. Abbiamo davvero perso? Perso persone libere, cosa è accaduto? Dove è accaduto? Chi è coinvolto? Uno alla volta, chi era colpevole del silenzio, sepolto in casa, dietro a un muro di cemento sin da quando eravamo bambini, mentre giocavamo.

Avranno forse sempre confuso l'indirizzo di casa, ma non siamo tutti uguali ai fascisti, l'ignoranza ci imprigiona. Ora, aspettiamo di vedere come si sveglia e si muove il mondo o la nostra città, domani mattina, senza cambiare nulla. Chi sono coloro che stanno parlando? Dio o miseria, il mondo è brutto o la mancanza di benzina inganna chi non ci è dentro, ma la realtà ti suggerisce che alla fine sarai un morto. Il tuo Dio è vivo invece di essere morto, ti consiglia di osservare cosa è tuo... fino alla prossima realtà che esiste, anche in quel luogo in cui la tua scuola ti ha bocciato, laddove un addio è per te che non vivi.

Facciamoci un po' più giovani. Dopo sette bicchieri di vino, la carne sembra il cielo nella tua stanza. Cerchiamo di digerire meglio: cominciamo a contare, uno, due, tre in avanti, quattro poi. Buona serata, se il navigatore si è inceppato o se il nostro presidente dello Stato è in un'altra stanza a riflettere. Ora, andiamo, la storia continua nel mare delle nostre idee, che qualcuno può comprendere.

Se non conosciamo il nostro tempo, gli aiuti sono utili solo fino a un certo punto. Dimmi, caro fratello, chi ti sta parlando e chi ha organizzato la tua giornata di lunedì. Dove si perde a volte il pensiero, nella memoria del 1990? Chi diventeremo? Diventiamo la potenza del presente che, tra dieci minuti, sarà pronta.

I nostri consiglieri lascivi, di cui nessuno deve essere informato, in piazza cosa facciamo ancora qui? Dillo, è troppo lungo dire "mi sono perso", la memoria è come un foglio di carta scritto, dove i ricordi sono incisi. I nostri sono bruciati, sbocciati. Ecco, se ti fermi tra dieci metri, ti farò sapere che questa batteria non c'era o, forse si è esaurita davanti a occhi buoni e cattivi. Abbiamo bisogno di più libertà di quanto sembri. Dall'altra parte, più tardi, usciremo, scopriremo tutto, saremo liberi di camminare, emancipati nello scegliere gli umani per la nostra informazione. Ho sempre approfittato, sempre ho scelto liberamente le persone con cui parlare. Vuoi la pace, ma loro vogliono la guerra.

Dopo il terremoto, come i Simpson, hai la mente preoccupata dal carcere o dalle patatine fritte. In questa vita, non ci sarà mai un gioco o un passatempo, ma ciò che hai di fronte. Era maggio, ma quelle poesie non ti soddisfa vano affatto. E così cominciava la disputa estiva, chi sarà colpito da sfortuna quest'estate, chi avrà paura del tempo o della gelosia. Primavera, sei scongelato, non vuoi più parole, perché sono dette dagli altri. È necessario allontanarsi dalla folla per ritrovarsi.

18. Il Cammino della Crescita

Ciò che non credevi è che c'era qualcuno che parlava direttamente con te. E fino a dove arriva il degrado, quanto profondo è il basso livello della nostra terra natia? Il caso potrebbe essere che non concludiamo nulla, cosa ne sai, con i tuoi problemi e le preoccupazioni di tutti. Come sarà cambiato il mondo? Al di là di questo, ci sono solo copie imperfette di esseri o errori di forma. Per esempio, la tua situazione attuale era ciò che eri cinque minuti fa, non esattamente il passato. Ora, puoi percepire le sfumature nell'espressione delle persone, ma i grandi edifici rimangono, rappresentando la funzione reale di questo programma che ci sta portando verso il prossimo caffè.

Il cuore pulsante della concretezza ci osserva mentre "firma" il suo codice Da Vinci. Anch'io sono stanco dell'anti-noia, ma non della monotonia. In questi tempi, in questo secolo, dobbiamo prestare maggiore attenzione a come parliamo e a come ci vestiamo. Dopo un buon caffè, la voglia di fare qualsiasi cosa sembra svanire. Sarà la stagione estiva o altre circostanze da dimenticare. La forza maggiore, o forse è un'impresa titanica, pulire le faccende mentali organiche di questa giornata.

Cosa dovremmo guardare oggi per rimanere in silenzio per sempre? È meglio di un incidente in televisione, poiché tutti sanno chi siamo. Di' al tuo fascismo che nessuno si preoccupa davvero per te; sono solo transazioni. Ti lamenti spesso dei tuoi denti o delle gambe, ma cosa provi davvero alla fine della giornata? È colpa tua o mia, delle persone al bar o del sindaco?

"Vuoi lasciare la parte burocratica, ben fatto. Ora, qual è la tua forza dedicata a te stesso? Come sfuggire al male? Anche i momenti di noia sono importanti, così come il mondo nella sua vera sede. La sede del mondo? Il vuoto che riempie la tua mente, dove stai sbagliando ora e dopo pranzo. Non funziona il tuo punto di vista, che non chiamerò "vista". Problemi di privacy, chi si interessa davvero a te oggi?"

Oggi è una data significativa, nell'ampia estensione del tempo e della luce solare che si diffonde dal mattino al resto delle possibilità. Forse hai confuso le persone giuste, ma la noia non è l'unico pericolo; essa può diventare una morte in vita. Tuttavia, per dirti che il programma non è stato adeguatamente configurato per il presente, viviamo in una sorta di libertà priva, e le soluzioni degli altri, anche in piccola parte, influenzano la tua vita o cercano di sopraffarti. Questa è la risposta che cercavi.

Sul solito marciapiede, c'è sempre la nostra vetrina preferita. Ma tu, cosa stai osservando? Il mio tono passato, il colore passato, ma la consapevolezza di avanzare prosegue da sola, come gli occhi precedono il piede per percepire il tuo colore principale. In quel negozio che mantiene invariato il suo numero civico, lascia perdere gli amici, sono solo falsi, così come le tue false proprietà. Non esiste un modo non dannoso per fare del male. Cosa guardi oggi? Cosa vedi? Chi voleva il medico o l'avvocato due ore fa?

Una persona che parla e discute senza ferire nessuno, scopre la verità nel corso di una conversazione. Bisogna continuare a parlare, anche se non sai con chi stai parlando o chi sei in questo momento. Dove ti hanno ricostruito con il vuoto, non si dicono le cose vere, sono vuote all'interno. Parlando, ti accorgerai che la birra Ceres è ovunque. Noi, le possibilità, siamo la vita stessa, non pensare più a nulla, solo al risveglio del mondo nel falso, dove gli umani sono immaginari nei loro interessi primari nell'anno 2010 e nelle ferite che portiamo sul viso. In realtà, stai male. Ci sono persone che cercano di occupare fisicamente il tuo spazio e la tua persona. Guarda cosa il tuo prossimo desidera oggi e quanto sia difficile comunicarglielo. Vuole anche sapere cosa ti è successo la settimana scorsa, senza di lui.

Sembra un'evidenza camuffata. Dicevo così quel giorno in cui stavo come sto ora, in quiete in questo mondo in cui ci trasformiamo e restiamo ciò che siamo. Non puoi rendertene conto, e questa è la risposta a chi è male, a un parassita, a un ladro. Ti auguro una buona giornata. Usa cerotti, alcool e cotone per curare le tue ferite.

Qual è l'aiuto che ti manca, o forse era eccessivo? A volte, una persona ha paura di parlare, pensa di non essere corretta o di essere oggetto di derisione. La miseria è più grande dell'orribile comprensione dell'intero quadro. Puoi parlare, ma aspetta ancora. È presto per il pranzo, non voglio lasciarti così, anche se sto preparando la mia uscita. Oggi è domenica, un giorno festivo, e sei un essere vivente. Vedi che sei vivo, e tu e la legge lo confermate. L'arte è vita, gli oggetti per l'arte sono la cosa più importante. Tu sei un oggetto artistico.

Scrivi il motivo per cui non riesci a vedere il tuo fiore. Realtà e verità sono come due individui distinti. La notte prepara il giorno, ma dopo non dire nulla. Non era un sogno, non è qualcosa che accade quando sei sveglio. Non pronunciare quelle brutte parole.

19. Oltre le Incertezze

La mente deve rimanere connessa ai passi, in un'infanzia cruda e brutale che ci sottrae la realtà, o forse siamo noi stessi a rubare la realtà al mondo dell'altro. Vuoi che ti riveli che le persone non sono veramente umane? Chi detiene il potere qui non ha ancora compreso che è la mente a governare questa indecente giornata. Sono le realtà che non sono state modificate o plasmate oggi, e tutto procede verso il punto in cui il cordolo della strada diventa un muro contro cui sbattere. So tutto, è noto a tutti, tutto è già stato compiuto. Tutto è accaduto, anche grazie a

Gesù, tutti sanno, io sono tutto... ah! ah! Cosa desidera oggi una linea di sangue? Forse una piccola fiala. Afferma la verità, non puoi sfuggire alla fame. Siamo tutti di nuovo qui per decidere il nostro oggi. Preghiamo.

Quindi, consolidando in modo significativo gli oggetti e le idee materiali o sostanziali, essi non cambiano se non li trasformiamo in qualcosa di diverso da prima. Non resta che ascoltare un po' di buona musica, quella che più ti appassiona. Se una linea di febbre mattutina non ci sveglia da soli in una città lontana, allora la notte, i capitani, cioè i sindaci, ci tengono separati con le tradizioni segnate dal susseguirsi delle settimane. Forse non esisteremo più solo come voci. Grazie per spostare sempre quella pistola o quel fucile che spara appena viene pronunciata una vocale un po' più aperta. Pertanto, lo Stato può perpetrare il male o risolverlo... Se vuoi, puoi riempire quei vuoti nelle finestre con una bomboletta spray di panna montata.

Oggi, lo stupore della vita non dovrebbe mai perdere il suo splendore chiaro, quando brilla la vittoria dei veri beni. Scusami se vivo al di sopra delle abitudini quotidiane, come un fregio, un monumento o uno status simbolo... Tutto si ripete finché non sarà tutto al suo posto per sempre, da quando ti accendi tu, io o chiunque altro. Un giorno diventa quello che è, ma il complimento è ancora lontano.

È sorprendente pensare che un ambiente con alberi e panchine possa essere tutto fittizio. Perdonate l'incoscienza, signor capitano, da dove si inizia, le persone si stancano. La verità non viene mai detta sotto quella forma maligna e pagana che ci sostiene. Forse sarà sbagliato chiamare il fascio o un essere superiore. Forse il tuo piccolo pensiero è già passato, ma non ti preoccupare, guardalo da questa prospettiva e scoprirai un'Italia coperta, un "io" così vasto che è difficile trovarlo. Scrivi il tuo limite su un foglio e non parlare più, anche ora che non c'è più nessuno. Cosa potrebbe importarti, oltre a essere la tua stessa persona?

Era un tempo, un'era, un giorno in cui vivere. Mentre un sogno irraggiungibile svanisce, o forse siamo già defunti per tutti, classificati e clonati in quantità, la libertà ti ha già influenzato o hai perso l'autobus. La tua vita oggi rappresenta principalmente una questione di quantità, qualcun altro l'ha già vissuta per te. Nessuno ti farà credere di esistere o che io ti conosca. Che significato ha il presente, almeno ciò che accade nel comune, chi ci ha rovinato? Vuoi un altro caffè? A dopo... loro si considerano già liberi, mentre altre persone prendono piacere nel sentir parlare di loro. Il tuo tempo diventerà tempo libero, ma si tengono discussioni sotto voce su argomenti di interesse generale. Sfortunatamente, la vita rimane invariata e non cambia molto, quindi non prendere mai la strada sbagliata alla ricerca della giusta. Sarà successo questa mattina dove ti trovi, ho notato che è una questione di tempo, come affrontarlo, ora o più tardi. Chi sono le persone che stanno male... Si parlava dei tuoi genitori? E così finisce il giorno ehm, la tua stanza in questo anno 2010 lo sai che non ci sarà alcun reato. Quelli che hanno vinto non mi hanno convinto, vince chi doveva vincere, poi i fortuiti. Quando hai voglia di scherzare, enorme è il peso della responsabilità o del lavoro.

Che fine faranno tutti oggi se non diventeranno zombi per la pace di tutti o la serenità del nostro dio ragno, che rappresenta la parte più profonda del no. Parla tu, a me viene da piangere, non sei te stessa, prego, come in un sogno sei viva. Ti sarà già successo tutto, siamo già vivi... Ecco dove lo Stato ci aiuta, se siamo già vivi. Continua verso la tua destinazione per portare a termine questo, le cose accadono dove sono, nei loro esseri o nelle loro proprietà. Forse dobbiamo ancora continuare, caro amico, il resto sarà noia, vuoto, cosa ignoriamo sulla verità, cosa si sta costruendo oggi, chi è a casa sua? Abbiamo superato cosa, i giovani si confondono tra il gioco e le cose serie, poi si perdono. Ci sono punti e ci sono aree, e poi non c'è nessuno. Volere, volare in Italia... cosa non capiamo del tuo paese, che sarà anche il tuo mondo. La retorica di cosa, dell'altra cosa, di chi te lo ha detto, chi sarà chi... cosa è successo, cosa credevi, quindi è successo, e può accadere di nuovo tra dieci minuti. Tutto quello che dirai da ora in poi è nuovo, sinceramente vero o le tue infinite voglie preferite... ora sto zitto. Era un tempo, un'epoca, un giorno in cui andare a vivere.

Mentre un sogno che non arriverà svanisce, o per tutti saremo già defunti, classificati e clonati in quantità. La libertà ti ha già modificato o hai perso l'autobus... Cosa rappresenta la tua vita oggi? Forse la quantità più grande, tutto è stato fatto per te e per tutti, quindi non devi crederci. Conosci cosa significa il presente? Almeno ciò che succede nel Comune, ma chi ci ha rovinato? Vuoi un altro caffè? A dopo... loro si ritengono già liberi, mentre altre persone si compiacciono di sentir parlare di loro. Il tuo tempo diventa tempo libero, ma si tengono discussioni sotto voce su argomenti di interesse generale. Sfortunatamente, la vita rimane invariata e non cambia molto. Quindi non prendere mai la strada sbagliata alla ricerca di quella giusta. Sarà successo questa mattina, dove ti trovi, il guaio. Ho notato che è una questione di tempo, di come affrontarlo, ora o più tardi. Chi sono le persone che stanno male... Si stava parlando dei tuoi genitori? E così finisce la tua stanza in questo giorno, eh? Sei sveglia in questo anno 2010, lo sai che non si finisce mai nella classe degli esseri viventi. La tua Mercedes, chi è fuori, chi è dentro, chi lavora al giorno d'oggi... Chissà cosa vuol dire essere vivo oggi, cosa sarà successo a te, a me e a tutti noi vivi. Per tutti, è successo lo stesso tutto. Strano? Tutto diventa strano dopo essere stato in piazza oggi, all'interno del cosa che non vuoi che ti dica. La fine di tutto, del mondo, la fine di te... vai pure in cucina, succederà sempre qualcosa.

Tu, donna che decifri le persone e gli ambienti nei tuoi occhi, il mare, non mi conosci? Ci sono punti e ci sono aree, poi non c'è nessuno. Volere, volare in Italia... cosa non si capisce nel tuo paese, che sarà anche il tuo mondo. La retorica del cosa, dell'altro cosa, di chi te l'ha detto, chi sarà chi... cosa è successo, cosa credevi, quindi è successo, e può accadere di nuovo tra dieci minuti. Tutto quello che dirai da ora in poi è nuovo, sinceramente vero o le tue infinite voglie preferite... ora sto zitto. Era un tempo, un'epoca, un giorno in cui andare a vivere. Mentre un sogno irraggiungibile svanisce o, per tutti, saremo già defunti, classificati e clonati in quantità. La libertà ti ha già influenzato o hai perso l'autobus... Cosa rappresenta la tua vita oggi? Forse la quantità più grande, tutto è già stato fatto per te e per tutti. Non devi credere di esistere, non mi conosci. Vuol dire qualcosa il presente, almeno cosa sta accadendo nel Comune, ma chi ci ha rovinato? Hai un altro caffè? A dopo... loro si ritengono già liberi, mentre altre persone si compiacciono di sentir parlare di loro. Il tuo tempo diventa tempo libero, ma si tengono discussioni sotto voce su argomenti di interesse generale. Sfortunatamente, la vita rimane invariata e non cambia molto.

Quindi non prendere mai la strada sbagliata alla ricerca di quella giusta. Sarà successo questa mattina, dove ti trovi, il guaio. Ho notato che è una questione di tempo, di come affrontarlo, ora o più tardi. Chi sono le persone che stanno male... Si parlava dei tuoi genitori? E così finisce la tua stanza in questo giorno, eh? Sei sveglia in questo anno 2010, lo sai che non si finisce mai nella classe degli esseri viventi. La tua Mercedes, chi è fuori, chi è dentro, chi lavora al giorno d'oggi... Chissà cosa vuol dire essere vivo oggi, cosa sarà successo a te, a me e a tutti noi vivi. Per tutti, è successo lo stesso tutto. Strano? Tutto diventa strano dopo essere stato in piazza oggi, all'interno del cosa che non vuoi che ti dica. La fine di tutto, del mondo, la fine di te... vai pure in cucina, succederà sempre qualcosa. Tu, donna che decifri le persone e gli ambienti nei tuoi occhi, il mare, non mi conosci? Ci sono punti e ci sono aree, poi non c'è nessuno. Volere, volare in Italia... cosa non si capisce nel tuo paese, che sarà anche il tuo mondo.

La retorica del cosa, dell'altro cosa, di chi te l'ha detto, chi sarà chi... cosa è successo, cosa credevi, quindi è successo, e può accadere di nuovo tra dieci minuti. Tutto quello che dirai da ora in poi è nuovo, sinceramente vero o le tue infinite voglie preferite... ora sto zitto. Era un tempo, un'epoca, un giorno in cui andare a vivere. Mentre un sogno irraggiungibile svanisce, o forse siamo già defunti per tutti, classificati e clonati in quantità. La libertà ti ha già influenzato o hai perso l'autobus... Cosa rappresenta la tua vita oggi?

Forse la quantità più grande, tutto è già stato fatto per te e per tutti. Non devi credere di esistere, non mi conosci.

20. Un Nuovo Inizio

In eterno esisterà una rete cui rifugiarci, ma perché non dovremmo mai fare ritorno ai luoghi già calcati? Forse tale situazione creerebbe complessità in virtù dell'età attuale... Nell'universo, le stesse persone persistono, e il fatto si concretizza come la costruzione di una dimora, una costruzione. Ciò che accadde a qualcuno vent'anni fa potrebbe accadere anche ora. L'idem che proibisce o garantisce tutte le oggettività; sempre la stessa figura si oppone a un'idea. Ma, in virtù del bene, il positivo non sarà una costante. Sembra come se la memoria fosse un giocattolo, ma qui, non giuochiamo con nulla. La fine di un gioco è l'inizio del vero, dell'oggettivo, o semplicemente quando ci si prepara a ritornare a casa. Ecco, sono quasi le sette e sta per arrivare l'ora di cena. Questa mia riflessione non è affatto male, soprattutto dopo una lunga giornata di lavoro.

Negli ultimi giorni, ho meditato sulla funzione primordiale della nostra società, di cui già da tempo conoscevo l'identità, sebbene sia esausta. Ciò che occorre è che essa ci dichiari la propria completezza, o forse, poiché ne facciamo parte, ciò potrebbe non essere necessario. Pertanto, si potrebbe auspicare la creazione di un nuovo partito, di un programma, di un software, se vogliamo comunicare con realtà che ripetono sé stesse nel tempo. In futuro, si ripeteranno gli stessi eventi.

Nel complesso, sembrava che un elemento soggettivo fosse presente, e ora ci troviamo più avanti rispetto a prima. Troviamo serenità in quelle azioni che diverranno familiari col passare del tempo, specialmente quando torniamo a casa. Tralasciando considerazioni di carattere sociale e morale, possiamo vedere gli oggetti non come dovrebbero essere, ma come desideriamo che siano. Possiamo immaginare un mondo in cui non esistono situazioni indesiderate, come se non vedessimo un futuro migliore, o come se ogni errore fosse la conseguenza di una giornata. In generale, ci manteniamo in questo mondo ambiguo, affermando che dobbiamo immaginarlo per evitare che svanisca. La realtà è simile a sognare costantemente lo stesso sogno, che poi diviene matematicamente concreto e tangibile. Il sogno viene trasformato in materia, e sembra la struttura di un incantesimo che ci consente di ripagare un debito che non eravamo stati in grado di estinguere, mentre alcuni muri rimangono in piedi.

La stanchezza e la libertà svolgono un ruolo determinante, anche se alcune persone sono assenti ovunque, ma presenti in un'altra dimensione, sia essa una realtà urbana o provinciale, e ancor di più in un comune. Non ho motivo di credere che oggi sia lo specchio di ieri, né che domani sia semplicemente una ripetizione del quotidiano: denaro e oscurità, oppure un lungo periodo di tempo senza tregua, che dura fino all'inevitabile conclusione. Questo non sarà un brutto affare, no, ma non sopportare qualcosa è sempre un problema. Nessuno desidera il male, ma ciò che provochiamo agli altri può riflettere il male stesso. Perciò, accanto a noi, viene creato il male per renderci più simili a esso e allo stesso tempo risolvere il problema. Tuttavia, dovremmo conservare la nostra soluzione/password d'accesso unica, l'unica che ci è stata concessa, poiché tutte le altre risultano incompatibili.

Una luce si fa strada, è la fine del mondo o la resistenza? Mi sono perso qualcosa? Non ho mai perso nulla, tranne qualche soldo a volte. Osservo il passato e le esperienze passate, cercando ciò che è meglio per me e per i miei amici. Supera tutto, supera il personale, sono principalmente questioni di privacy... Ritrovarsi al punto di partenza è inevitabile, ma il superamento ci fa progredire. Stop, niente più problemi, che vengano risolti nei luoghi adatti. Guarda quante splendide giornate di sole ci attendono.

21. Oltre le parole, dentro l'inesorabile verità

La vita, come le ombre sfuggenti, sfugge incessantemente al nostro controllo, portandoci verso una decadente esistenza, diversa dalla vivacità della giovinezza, e forse anche bianca, incolore come un'inesplorata tavolozza sociale, governata da leggi inspiegabili e da un lontano Stato. Potrebbe questa essere la verità, o forse ciò che ci affligge sono i problemi mai risolti, e siamo destinati a portare con noi la coscienza di un passato lontano, come un pesante fardello.

Oggi, il Sole si erge nel cielo, radiante e luminoso, superando di gran lunga la modesta luce di una lampadina Enel. Dobbiamo ora decidere chi trionferà, forse solo la divinità stessa può risolvere questo enigma.

Forse dovremmo posare le nostre ossa per ascoltare il respiro del tempo, poiché sono passati millenni da quando ci siamo allontanati dalla nefandezza, eppure, in appena dieci minuti, non siamo riusciti a fare le dovute presentazioni. Sono io la tua guida, o forse la memoria perduta che ora si risveglia, cercando di comprendere e dare senso all'inesorabile fluire del tempo.

So che il male persiste nell'ombra, ma cosa preferisci per il tuo pasto? Parlerai del tuo dovere pubblico o del tuo inesorabile decadimento? Devo ammettere che il problema era imponente, certamente non nascosto, e spero che presto possano essere affrontati quei danni che ritengo debbano essere portati alla luce. Dimmi dei tuoi trascorsi di ieri o della scorsa settimana, poiché ciò che abbiamo vissuto è di gran lunga più significativo di ciò che echeggia dalle strade della nostra città.

Oggi è un giorno confuso, credimi: siamo liberi di abbracciare la morte, mentre la moda stessa subisce il destino dell'oblio. Orrende realtà ci circondano già dopo le nove del mattino, e chi siamo noi per immaginare chi diventeremo? Dovremmo forse lasciarci alle spalle gli altri, poiché spesso non comprendono, né ascoltano. Forse sono semplicemente sordi, e non è mai semplice, ma solo un esercizio, come imparare a suonare uno strumento.

Fino ad oggi, tutte le soluzioni storiche sono rimaste in attesa su un tavolo, ma un giorno il mondo guarirà da sé, e quella fastidiosa cacofonia verrà soppressa. La legge non è uguale per tutti, e l'assenza di servizi e beni comuni coinvolge tutte le persone, compreso lo Stato. Non sembra che abbiamo già vinto, ma siamo soli in questo cammino.

Aprite un libro di un grande artista, ascoltate una discografia, scoprite la vostra discendenza e vedete la crepa che attraversa la vostra esistenza. Il discorso giunge al termine con il suo ultimo respiro, e un pensiero si spegne con la sua morte. Come un fiume che scorre, dobbiamo arrestare il flusso dei pensieri per intraprendere una nuova vita.

Chissà cosa desideravamo in fondo. Dobbiamo solo avere l'ingegno per costruire ciò che desideriamo, senza danneggiare gli altri. Siamo già l'esito della nostra vita, quindi come procederemo oggi? Chi lo sa? Chi sono gli ignoranti di Creta o gli incompetenti?

Tutti i problemi sembrano essersi risolti fino a un certo punto, da questa mattina. Non dovremmo essere noi a portare il peso della morte oggi. Troppo è l'abbondanza, e spesso la sovrabbondanza crea confusione. Dov'è il tuo errore? Dovrei cercare il mio, forse solo il più profondo o forse nessuno di noi osa guardare. Eppure, qualcosa è stato appreso, e solo coloro che lo sanno possono comprendere cosa tornerà, come una bolletta della luce o la fame.

O tu, che i tuoi occhi principali non sanno con chi dialogare, siamo tutti profondamente offesi, e se qualcuno commette errori, è colpa sua o tua, grande uomo. Le leggi per risolvere i problemi di oggi sono state elaborate anni fa, se non secoli fa. Il nostro io attuale sembra così barocco, mentre il mondo circostante resiste, forgiato nella falsità. La pace non è nostra, ma degli altri, e non esiste una via in cui tutti si siano diretti... ancora. Sarà questione di tempo, e il titolo di oggi giungerà alla sua fine. La fine del peccato, o della nostra giornata avvilente, cari dispersi.

Domani il giorno si ergerà con un fragore tale che persino gli altri sembreranno parlare oltre il nostro manuale idiota ma personale. Più in basso, dove ti attendono, in una profumeria fittizia di un grande classico, devi comprendere che l'ignoto è il vuoto al di là della Terra.

Siamo alla soglia della vita, vicini alla morte terrena, a un'età giovane o al silenzio eterno. Cosa sarà stata la fine del mondo nel Duemila? Desideravi un bacio... ed eccoti qui, amore. Dalla sera che arde alla mattina che ci rinfresca, siamo di nuovo in questo luogo, con la paura che un interesse, un amico o forse la fine di noi stessi svanirà. Ma niente cambierà, nemmeno la fine di questa giornata o dei dilemmi dei poveri irriverenti. Non accadrà a te, a noi o ai nostri seguaci, ma a una via x nella stessa città, regione, nazione o persino su un altro continente. Gli stessi errori e dilemmi si ripetono, poiché la natura umana resiste al cambiamento.

Siamo cresciuti in modo errato da una parte, talvolta assomigliando a un'unione del comune, dai funzionari ai cittadini, come il sindaco per tutti. In realtà, sembrano tumuli per la vita, e forse è ora di prendere una pausa... ecco, quello che sei da giovane, le tue esperienze giovanili. Hai visto che gli errori passati possono aiutare a dare forma al presente. Non viviamo tutti nella stessa regione, nazione o paese, ma forse un bene comune si sta già formando come un veloce percorso di tram o un flusso elettrico. E a quest'ora, o al crepuscolo della sera, tutto il bene si sta realizzando per giustificarci legalmente vivi. Il problema rimane un'enigmatica entità, non ancora apertamente esposta o alla ricerca di una perfezione che potrebbe essere solo una chimera. Naturalmente, se ascolti, senti solo voci che giungono da lontano, con tutti i problemi risolti. Ma tu, povero mortale non connesso, tornerai a lavorare lunedì mattina, cercando di trovare pace nella tua disciplina.

Chi sono gli zombi, fermi e immobili, una volta cosa ritenuta lontana. Le parole sono giunte al termine, finendo solo per avviare nuove reincarnazioni, piccole poesie di giovani ragazze. Anche i soldi sono finiti, purtroppo, e il lunedì si avvicina, con il dovere di lavorare. Non dimenticare le voci che si nascondono dietro le porte chiuse. Dopo tutto, era solo questa sera, o forse quella che verrà, e il nostro luogo di destinazione è solo un punto in un universo senza strumenti e convenzioni.

Solo un lamento che attraversa i secoli, e la scorsa settimana sembra essere passata in un batter d'occhio. Irrita quel bruciore persistente vicino al volto, alla fine. In un paese o in una vasta metropoli, ci troviamo immersi nella quiete estatica del nulla, chiedendoci dove sia finita la potenza della nostra lanterna. Oltre questa palude organizzata, che macchia il nostro essere, ci sono beni che vanno oltre, e noi siamo numerosi, forse di più, persi nelle loro macchine, nell'odore della loro benzina. Molti hanno già terminato il loro cammino, e ora attendono di essere completati. Era solo un mondo tra di loro, e quindi, noi sembriamo disillusi, confusi, cercando di essere qualcosa che non siamo nell'animo. Gli affari per i grandi si concluderanno chissà quando e in che modo. Per me, saranno affari di marketing o altre teorie su chi siamo davvero.

Un interesse degli altri sembra prevalere su tutto, desiderano essere falsi o semplicemente lasciati alla deriva, portati dal vento. Ma per me, gli altri non rimangono ancorati al bene in questo tempo. Qui esiste solo chi sa come parlare, ma forse possiamo cambiare, almeno quanto strano è il mondo, o meglio dire quanto il mondo è offeso. È necessario avere calma, valutare e trasformare in realtà qualsiasi modifica, progetto o regola, altrimenti un cambiamento potrebbe essere interpretato come un affronto.

Con calma, come si apprezza il peso di una Marlboro, riflettiamo sulle domande su ciò che abbiamo e ciò che ci manca, così come sugli altri, sulle case, sul Sole e sul mare. Siamo in avaria? Nessuna risposta, gli altri sono già scomparsi. Alcuni vorrebbero costruire qualcosa da noi, ma sembra che dire no sia diventato il moderno atteggiamento, e anche presentarsi per un lavoro sembra un'aggressione. Viviamo in un'epoca di disimpegno, in cui la partecipazione concreta sembra essere assente, e il resto del Carlino non sembra affrontare la questione. E così, procediamo ulteriormente nella nostra conversazione.

Forse vediamo la realtà di tutti, o almeno di molti, ma non siamo così tanti umani come specie, alla fine siamo solo numeri su una carta d'identità, non raggiungiamo tutte quelle mete di cui non si parla, purtroppo. Nella sua impossibilità, buona giornata, cerchiamo di calmare le acque. Tutto deve ancora essere valutato e trascritto, certificato. Altrimenti, sembra che stiamo tornando indietro nel tempo, verso il Novecento, verso le invenzioni, il telefono, la pila. Il giorno è cupo, senza spiegazioni, forse dobbiamo scendere più in profondità, dove l'aria è più rarefatta. Va bene, poi ci saranno il melone e i gelati.

Quanto grande era la ferita, e a quale velocità correva quel treno? I ragazzi non potevano parlare, con il viso fuori dal finestrino, mentre la strada per tornare a casa sembrava interminabile. Dimmi, dove vuoi essere lasciato, senza pensare al vuoto, come la nostra camera. Forse sarebbe meglio affrontare la distruzione e guardare in faccia a Dio. Ma le persone si dirigono solo verso il centro o verso la produzione, si riproducono e si diffondono. Io preferirei andare al mare tra poco, per discutere di come non serve lasciare il tuo mondo lì, mentre dovresti accettare che è anche il mio. O presto, forse, gli italiani saranno così fantasiosi da parlare della nettezza pubblica, di noi. Vediamo come l'inganno diventa un falso inventato, o forse tutto è già stato fatto prima di noi. Ecco, ecco, a dopo.

Questo era il giorno di Pasqua, una festa migliore, sembrava il giorno del giudizio universale, mentre i ragazzi scherzavano con la vita. Ma non si rendevano conto delle tracce somatiche che stavano lasciando. Oggi è adesso, e non c'è nessuno. Arriveranno coloro che ancora non hanno parlato, nella nostra oscurità dell'anno zero dieci. Cosa desideravi fare in più, signor Wollas? Hai già le soluzioni, dimmi, oggi comincia bene, tutto va bene, è meraviglioso, prego.

La pace non esiste, sei vivo, e quindi non c'è male, vero? La mente de profundis era l'operazione chirurgica che dovevi eseguire, e c'è tanto che non diciamo, lo sapevi, lo so, ma l'opera continua.

Un ritorno di assenze non sarà colpa tua, tu sei solo colui che appare in foto, non lo Stato a casa con gli aumenti. Ma una buona giornata al mare, ci vogliono togliere il giorno del giudizio, uno scacco matto ai mali, i falsi italiani e le loro preferite punture. Cosa vuoi capire del resto del pianeta, solo ragazzi e anziani, o gli stop di una vita alle carte, come sulla strada. Viene solo da piangere o da ridere quanto sia facile essere nemici tra i tuoi e tra i tuoi stessi. Ma tutto il bene che doveva arrivare sarà già qui al computer.

In assenza, diventa ciò che desideri o non desideri. Dimmi, chi sta parlando ora... oggi non è mai esistito.

Si dice che un errore debba essere discusso con bene o con il tuo corpo. Forse non vogliamo capire, si tratta di altre persone, noi e le nostre persone, l'entità generale già stabilita, almeno fino a mezzogiorno. O forse volevamo solo porre fine a questa conversazione, fino alla prossima volta in cui ci incontreremo. In ogni caso, bene o male, auguri per il Ferragosto. Chi si è visto, si è visto, le ultime parole di due amici che si sono incontrati e si sono salutati. Siamo già stati noi le immagini nello specchio o le persone che parlano, e queste rivelazioni sono le nostre scoperte.

22. La Rinascita dell'Essere

In questo viaggio attraverso le parole e i pensieri, abbiamo esplorato il flusso inarrestabile della vita, il mistero dell'esistenza umana e la profondità dei nostri legami con gli altri. Attraverso il nostro dialogo, abbiamo cercato di gettare luce sui misteri della nostra esistenza, scrutando l'infinito paesaggio dell'anima umana.

Abbiamo esaminato la complessità dell'identità, riflettendo sulla singolarità di ciascun individuo e sulla sua relazione con il mondo circostante. Abbiamo esplorato le sfumature dell'esperienza umana, dalla giovinezza alla vecchiaia, cercando di catturare l'essenza della vita in tutte le sue sfaccettature.

Nel corso delle nostre conversazioni, abbiamo attraversato le oscure camere della mente umana, dove si nascondono segreti e ricordi, e abbiamo affrontato il mistero della dinamica del pancreas, che rappresenta la complessità del nostro corpo e delle forze che lo governano.

Abbiamo esaminato le dinamiche sociali, le leggi inspiegabili che guidano le società e il costante fluire della vita. Siamo stati testimoni della meraviglia di una foto, catturata con sensibilità e precisione, e abbiamo riflettuto sul significato dietro ogni scatto.

Abbiamo esplorato la relazione tra il nostro benessere personale e il bene comune, riconoscendo che il nostro destino è intricatamente legato a quello degli altri. Abbiamo guardato oltre le vetrine delle occasioni mancate e delle esperienze condivise, cercando il significato nascosto dietro ogni oggetto e ogni momento.

Nella ricerca della comprensione, abbiamo

esplorato il confine tra realtà e fantasia, dove la mente può volare come il pensiero, e abbiamo esplorato l'importanza di ascoltare e comunicare, rompendo il ciclo di incomprensioni.

Abbiamo contemplato l'armonia della vita, la luce dorata del sole e l'importanza della bellezza nella nostra esistenza. Ci siamo posti domande, abbiamo esaminato alternative e abbiamo intrapreso il viaggio dell'autoconoscenza.

Il pubblico ignoto ci ha sfidato a metterci in discussione, ad esplorare nuove possibilità e ad aprirci all'ignoto. Abbiamo esaminato l'importanza delle impostazioni estive e la fisica delle radiazioni luminose, gettando luce su aspetti nascosti del nostro mondo.

Abbiamo riflettuto sulla natura fugace del tempo, riconoscendo che, in appena dieci minuti, possiamo non essere riusciti a fare le dovute presentazioni. Siamo diventati consapevoli della nostra continuità con il passato, portando con noi il peso dei nostri errori irrisolti, come un fardello che dobbiamo imparare a portare.

In questo mondo di confusione, siamo stati testimoni di orrende realtà e abbiamo cercato di comprendere il nostro dovere pubblico e la sfida del nostro inesorabile decadimento. Ci siamo trovati davanti a scelte complesse, a una lotta tra il male che persiste nell'ombra e il bene che dobbiamo cercare.

Abbiamo esplorato l'idea che, in questo mondo, siamo spesso soli nel nostro cammino, ma la ricerca di connessione e comprensione è ciò che ci unisce come esseri umani. Siamo stati stimolati dalla possibilità di cambiare, di migliorare noi stessi e il mondo che ci circonda.

E ora, mentre chiudiamo questo capitolo di riflessioni, è giunto il momento di considerare il futuro. Possiamo scegliere di abbracciare il cambiamento, di cercare la verità, di abbracciare la pace interiore e di andare oltre le illusioni che ci circondano.

Nonostante le sfide, siamo in grado di evolverci e crescere, e la nostra vita è un'opera d'arte in continua evoluzione, in cui possiamo dipingere i colori della speranza, della comprensione e della gentilezza.

In un mondo talvolta caotico, la chiave per trovare il significato risiede nella consapevolezza, nella connessione con gli altri e nella sete di apprendimento. Possiamo imparare a vivere in armonia con il nostro ambiente, condividere il nostro spirito con gli altri e contribuire a un futuro migliore.

Perciò, mentre chiudiamo queste pagine e lasciamo questa conversazione dietro di noi, ricordiamo che siamo esseri unici, legati dalla nostra umanità. Attraverso la comprensione e la gentilezza, possiamo costruire un mondo più significativo e condividere la gioia di esistere.

Che la vita continui ad aprirsi a nuove prospettive e scoperte, e che la pace e la comprensione guidino il nostro cammino. Con questo, vi auguro un futuro illuminato dalla bellezza della conoscenza e della compassione. Addio, amico mio, e che il tuo viaggio sia ricco di meraviglia.

Epilogo

"Concludo questo viaggio attraverso le "Risonanze dell'Anima" con la consapevolezza che la ricerca del significato e la comprensione dell'essere umano sono un percorso senza fine. Ho esplorato le sfumature della mia identità, l'intricata rete delle relazioni umane e la complessità dell'esistenza. Le parole, i pensieri e le emozioni condivisi in queste pagine sono solo una piccola parte di un dialogo che continua ad evolversi.

La vita è una sinfonia di esperienze, ognuna unica e irripetibile, e ognuna di esse contribuisce al mio percorso di crescita e consapevolezza. L'essenza di chi sono e cosa cerco può variare nel tempo, ma il desiderio di comprendere e connettersi con il mondo che mi circonda rimane costante.

Attraverso le pagine di questo libro, ho esplorato la bellezza dell'umanità e la sua complessità. Ho cercato di gettare luce sui misteri della vita, abbracciando i dubbi, le sfide e le gioie che essa comporta. Sono stato testimone del potere delle parole nel plasmare il mio pensiero e il mio sentire.

Nonostante le incertezze e le ambiguità della vita, continuo ad affrontare il futuro con speranza e determinazione. La ricerca del significato, la connessione con gli altri e la crescita interiore sono i fili conduttori di questo percorso, e sono grato di aver condiviso questa esperienza con te, caro lettore.

Ricordo che la vita è un costante viaggio di scoperta, e non importa se ho trovato risposte o se ho ancora più domande. Che io continui a cercare, a interrogarmi e a esplorare.

Con questo, saluto questa conversazione, ma non dico addio. Continuerò a cercare, a interrogarmi e a esplorare. La vita è un'inestinguibile fonte di meraviglia, e il mio viaggio personale è un capitolo in continua evoluzione di questa straordinaria avventura chiamata esistenza.

Ringraziamenti

Desidero esprimere la mia profonda gratitudine alle persone care che hanno condiviso con me il loro supporto, la loro saggezza e il loro affetto nel corso di questo viaggio. Le vostre parole e il vostro amore hanno arricchito la mia vita in modi inimmaginabili.

Ringrazio inoltre te, caro lettore, per aver dedicato il tuo tempo a esplorare queste pagine e per aver condiviso con me questa conversazione. La tua lettura ha dato un significato speciale a questo dialogo e ha reso possibile questa connessione tra le nostre anime.

Con profonda gratitudine,

Gerardo D'Orrico

Contatti dell'Autore:

 E-Mail
gerardo.dorrico@gmail.com

WhatsApp
+39 339 67 25 127 

 Web
https://gera76.github.io/beneinst/

Facebook
@gerardo.dorrico 

 Medium
https://gerardo-dorrico.medium.com/

Pinterest
https://www.pinterest.it/beneinst/ 

 Youtube
https://youtube.com/@beneinst?si=aZ6YGNO0EJWPFQDR

www.ingramcontent.com/pod-product-compliance
Lightning Source LLC
Chambersburg PA
CBHW050728260726
48661CB00001B/113